東アジアのトラブルメーカー

韓民族こそ歴史の加害者である

SEKI HEI
石平

飛鳥新社

韓民族こそ歴史の加害者である
目次

第二章 日本侵略の主役となった高麗王朝の生存術――71

まえがき

朝鮮問題の専門家でもない私が、韓民族の歴史をテーマとする本書を書こうと思い立ったのは、今から三年前のある出来事がきっかけであった。

二〇一三年三月一日、ソウルで催された「三・一独立運動」の記念式典で、韓国の朴槿恵大統領は、日韓間の「歴史問題」に言及して、「(日本と韓国の)加害者と被害者という歴史的立場は、千年の歴史が流れても変わることはない」という発言を行った。

いわゆる「歴史問題」にかんする、韓国の日頃の執拗さをある程度知っている私でも、この発言を耳にした時にはさすがに驚いた。韓民族の日本にたいする怨念の深さを、改めて思い知らされたからだ。それと同時に、「加害者と被害者の立場は千年経っても変わらない」という朴大統領のこの一言は、日本国民の一員となった私には、まさに衝撃的なものであった。

彼女の言いたいことは、これから千年が経っても、つまり時が紀元三〇一三年になったとしても、韓民族は「被害者」の立場から、日本民族に謝罪を求めたり説教を垂れたりする権利を持ってしかるべき、ということだろう。しかしそれでは、日本民族は子孫代々、いつまで経っても、半島の人々にたいして、平身低頭して謝り続けなければならない。私たちの子孫の子孫、そのまた子孫までが、まさに「加害者の子孫」としての後ろめたさを引きずって生きていかなければならない、ということになる。

人類の長い歴史の中で、多くの民族同士が互いに傷つけたり争ったりするような「負の歴史」はいくらでもある。しかし世界史を通読してみても、一つの国あるいは民族が、隣国にたいして、それほど過酷で理不尽な要求を強いている前例は、いまだかつて見たことがない。どうやら韓民族にとって、過去の「歴史」は、未来永劫《えいごう》、日本をいじめて叩くための恰好の材料となっているようである。

しかし、この過去の「歴史」において、韓民族は果たして一方的な「被害者」だったのか、それこそが問題なのである。朝鮮半島に住むこの民族は、果たして彼ら自身が主張しているように、いつも周辺国から侵略されて、一方的に被害を受けていたのだろうか。半島の歴史の実態は、一方は単なる加害者で、他方は単なる被害者であるというような単純な図式で片づけられるものだったのか。こうした疑問こそ、われわれが、あらゆる先入観を抜きにして真剣に考えなければならない大問題ではないのかと、朴大統領の発言に接した時の私はまず思ったのである。

朴大統領が、どうしても「加害者と被害者の立場は千年経っても変わらない」と言いたいのなら、これまでの千年の歴史、あるいは二千年の歴史の中で、一体、誰が加害者で誰が被害者であったかを、もう一度調べてはっきりさせる必要があるのではないか。韓国政府と多くの韓国人が、毎日のように「歴史」という呪文を唱えて日本叩きに徹しているのであれば、歴史の真実は一体どういうものだったかを、改めて見極める必要があるのではないかと思ったわけである。

どこかの朝鮮史専門家が、こうした歴史の検証をやってくれるなら一番有り難いことであるが、私と同じ視点から、韓民族の「被害者」の立場に疑問を感じるような専門家がまわりにいないのであれば、浅学の立場でありながらも、私というもの書きが、自分自身の力で、それを一度成し遂げてみようではないかと、いつの間にか心の中で決めていたのである。

それ以来三年間、門外漢の私は、一から朝鮮半島の歴史を勉強して、あらゆる専門書や歴史の文献を読み漁り、自分の力の及ぶ範囲内で、歴史の考察を行った。その中ではもちろん、視点や内容の公平さをことさら意識して、日本人学者の著作を読むだけでなく、日本で活躍している韓国人学者の著作、あるいは韓国国内の代表的な歴史家たちの著作の邦訳版をできるだけ手に入れて、勉強するテキストにした。

そして三年間にわたる猛勉強と丹念な考察の結果、筆者の私の目の前に、一体どのような歴史の真実が広がってきたのか。結論から先に言えば、次のようになる。

韓国人は常に、韓民族はその長い歴史において、たびたび外国からの侵略を受けてきたと主張しているが、それは一概に真実とはいえない。大半の場合、むしろ韓民族自身が、外国に嘆願するような形で、外からの侵略軍を半島内に招き入れてきたのだ。

つまり彼らは「侵略」されたわけではない。自ら外国勢力を頼って、自国を侵略させただけの話である。そう言われてもにわかには信じ難い話かもしれないが、それが歴史的事実なのである。

外国からの侵略軍を招き入れる最大の理由は、外国勢力を半島内の勢力争いや内輪もめに巻き込んで、その力を利用することにある。実は、古代から現代までの長い歴史の中で、半島内で紛争や覇権争いが起きるたびに、外国勢を自分たちの内紛に巻き込んで、散々に利用するのは、半島国家が多用する常套《じょうとう》手段であり、韓民族の不変の習性ともいうべきものであった。

彼らが巻き込もうとする外国は、時には中国であり、時には日本であった。そして中国も日本も、半島の内紛に巻き込まれるたびに、多大な迷惑を被ることとなり、大きな被害を受けたことも多かった。そういう意味では、彼ら韓民族こそ、東アジアの長い歴史の中での迷惑者であり、立派な加害者だったといえるのだ。

現代史の中でも、本書第四章で詳述する、北朝鮮によって引き起こされ、韓国によって拡大させられた朝鮮戦争はとりわけ悲惨であった。米中両大国が巻き込まれて、おびただしい若者たちの血を流し、甚大な被害を受けた歴史の事実がある。しかし今の北朝鮮政府、あるいは韓国政府並びに半島に住む人々に、自分たちこそが、あるいは少なくとも自国政府が、米中の払った犠牲に責任を持つべき加害者だという認識はあるだろうか。

そして日本との「歴史問題」にかんしていえば、たとえば二章で詳述する「元寇＝蒙古襲来」において、韓民族の高麗王朝は終始一貫して、モンゴル帝国の日本侵略の積極的な協力者であった。特に弘安の役において、高麗王朝こそが日本にたいする再度の侵攻の提案者であり、計画者であり、その主役であったことは重大な史実である。

しかし今の韓国政府あるいは韓国人は、彼らの日本にたいする侵略的犯罪の責任について、一度でも認めたことがあるだろうか。

このように、東アジアの歴史の中で、周辺の国々を常にトラブルと紛争に巻き込み、多大な迷惑をかけまくってきたのは、他ならぬ半島に住む韓民族なのである。時には自らが侵略者となって、他国に大きな被害を与えたのも半島国家の真実である。

しかしそれにもかかわらず、今の韓国政府と多くの韓国人は、自分たちの歴史的悪行は棚上げにして、いつまでも、どこまでも被害者面で、他国ばかりを責め立てている。それはいかにも不公正で理不尽な話であるが、歴史にたいする半島民族のこのような偏執的で理不尽な態度が、逆に、日韓関係の根本的改善を妨げ、東アジアの不安定要素を作り出しているのは明らかだ。

したがって、半島に焦点を合わせて東アジアの歴史を一度洗い直して、いわば「加害・被害」の視点から歴史の真実を徹底的に解明していくというのが、本書の狙いである。そして「コリアこそ東アジアのトラブルメーカーであり、歴史の加害者だった」というのが、まさに本書が確実な資料にあたって、綿密な検証によってたどり着いた、最終結論である。

今までの「通念」や「常識」を覆してしまいそうな、この大胆な結論に接した、多くの読者の方々は、驚きのあまり「本当にそうだったのか？」と思われるかもしれないが、本書を一度通読して頂ければ、十分に納得してくれるだろうと、筆者である私は自信を持っている。

そして、あらゆる批判と検証に耐えうるように書かれた本書の歴史的解明によって、一方的な被害者の立場を強調し、日本を「加害者」と永遠に断罪していこうとする、朴大統領と韓国政府の歴史観が、この一撃で完全に粉砕されてしまうことを、筆者の私は多いに期待しているのである。

では、本書が取り組む歴史の解明とは、一体どういうものなのか。本当に確かな史実に基づいた、信憑《しんぴょう》性のあるものなのか。それは果たして、韓国の展開する理不尽な日本叩きと日本いじめにたいする徹底的な反撃となり得るのか。これらにかんしては、是非とも読者の皆様にお読み頂いた上で、ご判断を仰ぎたい。

本書で行った歴史の検証が、日韓の歴史や韓民族の「歴史観」の本質にたいする皆様のご理解を深めることに資するなら、筆者にとってこれ以上の幸せはない。

第一章

侵略軍を半島に招き入れた「三国統一戦争」

「民族の不幸」と評される三国統一戦争

朝鮮半島の古代史において、「三国統一戦争」は非常に重要な位置を占めている。

紀元六世紀から七世紀半ばにかけて、朝鮮半島で並立した高句麗、百済、新羅という三つの国は、熾烈な戦いを繰り広げた。その結果、高句麗と百済の二国が滅び、朝鮮半島の大半は、新羅によって統一された。朝鮮半島史上、最初の統一国家がこれで誕生したのである。したがって「三国統一戦争」は、韓民族の形成史において、たいへん重要な意味を持つ、画期的な出来事である。

現代韓国を代表する古代史研究家である盧泰敦《ノテドン》博士は、全三〇八ページの大作である『古代朝鮮　三国統一戦争史』（二〇一二年、岩波書店）の中で、「韓国史でもっとも大きな影響を与えた戦争は、二〇世紀の朝鮮戦争と三国統一戦争」だと評していることからも、朝

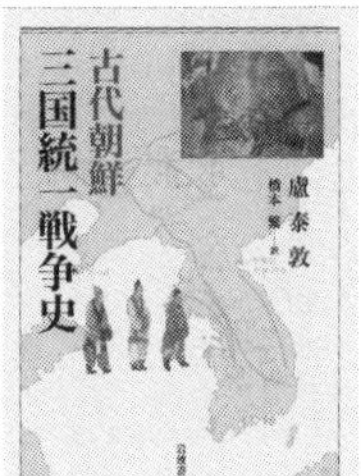

盧泰敦『古代朝鮮　三国統一戦争史』（岩波書店）

鮮半島の歴史における三国統一戦争の重要性をうかがい知ることができる。

ちなみに、盧泰敦博士はソウル大学校国史学科教授・ソウル大学校国学研究院の院長を務めており、「韓国古代史研究の第一人者」とも呼ばれる大家である。その代表作である前掲書『古代朝鮮　三国統一戦争史』は、日本でも邦訳・出版された「三国統一戦争」にかんするもっとも権威ある専門書であるから、本章のこれからの論述の多くは、もっぱらこの著作を参考にしていく。

盧泰敦博士が論じたように、韓国史において三国統一戦争ほど重要な戦争はないとすれば、本章が筆者独自の視点から取り扱おうとするのも、まさにこの戦争にまつわる話だ。

ここではまず、三国統一戦争に至るまでの朝鮮半島の古代史を概観してみよう。

半島史上、実際に存在した最初の国家は、紀元前二世紀の初めに成立した「衛氏《えいし》朝鮮」である。中国大陸の漢帝国（前漢）から衛満《えいまん》という人が半島に亡命してきて、建国した。「衛氏朝鮮」は現在の平壌を中心に、朝鮮半島西北部を支配領域としていた。伝説上の「檀君《だんくん》建国」や「箕子《きし》朝鮮」の存立はあやふやであるが、「衛氏朝鮮」という国が実在していたことは、韓国の歴史教科書でも公認されている。

韓民族の形成史上、実在したとされる最初の国家は、異民族である中国人の手によって建国された。このことは、当の韓民族にとって当然、面白くなく、自慢できる話でもない。おそらくそれが原因か、韓民族は後になってから、ありもしない「檀君神話」を作り上げ、「韓国史上最初の国は中国人によって建国された」という事実を打ち消そうとしたのであろう。

中国人・衛満の作った国を滅ぼしたのも、中国人である。前一〇八年、漢帝国の最盛期にあった**漢武帝**は、その対外拡張戦争の一環として、朝鮮半島に大軍を派遣し、一撃で衛氏朝鮮を滅亡させた。

漢帝国はその後、朝鮮半島全体をその直接支配下におき、楽浪《らくろう》・真番《しんばん》・臨屯《りんとん》・玄菟《げんと》の「朝鮮四郡」を設置して、支配の拠点とした。

それ以来、漢帝国は自国の領域の一部として、半島の大半部分を長い間、統治していた。紀元前一世紀後半になると、四郡のうちの楽浪郡と玄菟郡の領域において、**朱蒙**《しゅもう》という韓国史上の伝説的な英雄が現れて、高句麗という国家を建国した。高句麗は漢帝国の支配に反抗する形で、徐々に成長を遂げていく。そして漢帝国の後漢王

漢武帝（前漢七代皇帝）

朝が衰退して、中国国内が乱れていく中、高句麗はそれに乗じて漢帝国の設置した郡県を潰し、領土を拡大した。最盛期の高句麗は、朝鮮半島の北部と今の中国東北地域の一部をその支配下におき、韓民族史上最大の領域を持つ大国となった。

高句麗の建国とほぼ同時進行で、朝鮮半島の西南部を支配領域とする、百済という国が出来上がった。百済の建国の始祖は、高句麗の王族であるといわれているから、両国はもともと「親戚関係」にある。

そして高句麗と百済に遅れて建国されたのが、新羅である。紀元三世紀頃、朝鮮半島東南部の慶州《けいしゅう》を中心に、新羅の前身である斯《し》盧《ろ》という国がまず頭角を現した。当初はこの地域に林立する諸国の中の一つであったが、周辺の弱小国家を併合して大きくなり、四世紀あたりに新羅となった。

このようにして朝鮮半島は、今の北朝鮮にあたる北部は高句麗が領有し、今の韓国に当たる南部は百済と新羅がその半分ずつを領有

朱蒙（高句麗の初代国王、東名王、東明聖王とも呼ばれる）

する形で、いわば「三国鼎立《ていりつ》」の時代となった。それ以来、この三国は国の存亡をかけて、数百年間にわたる外交上の合従連衡《がっしょうれんこう》と軍事上の攻防を繰り返したが、七世紀に入ると、三国間の戦いがいよいよ本格化して、いわば「三国統一戦争」の時代に突入した。

統一をかけた三つどもえの戦争の結果、紀元六六〇年に百済を、そして六六八年に高句麗を滅ぼして、朝鮮半島を制覇したのは新羅であった。その結果、半島史上初めての統一国家「統一新羅」が誕生したことは、前述した通りだ。

以上は、統一新羅の誕生に至るまでの、韓国古代史の概要であるが、焦点を三国統一戦争に当てて考えてみると、三国間の内戦を勝ち抜いて朝鮮半島を制覇したのが新羅だったことは、摩訶《まか》不思議な結果だといってよい。なぜなら三国鼎立の時代を通して、高句麗・百済・新羅の三カ国中、軍事力と経済力の両方において、新羅はずっと、もっとも弱小な国家だったからである。

当時、三国の中で領土がもっとも広く、軍事力が一番強かったのは、何といっても高句麗である。前述のように高句麗はもともと、強大な漢帝国に対抗して大きくなった国だから、軍事力が強いのは国の伝統だった。そして六世紀末から七世紀にかけて、中国大陸で誕生した最強の統一帝国である、隋王朝と唐王朝の度重なる侵攻にも、高句麗は敢然と立ち向かい、ことごとく撃破した実績がある。

少なくとも軍事面において、当時の高句麗は「東アジア最強」といっても過言ではなかった。その支配する領土も、現在の中国東北地域の一部と北朝鮮を含めた広大な地域であるから、朝鮮半島南部を分け合う百済と新羅とは、比べものにならないほどの大国だったのである。

その一方で、百済は軍事力こそ高句麗に劣っていたが、経済力はかなりのものであった。百済の支配する領域には、今のソウル近郊の金浦《きんぽ》平野から全羅南道の羅州《らしゅう》平野まで広がる豊かな「穀倉地帯」がある。農業が経済の中心であるこの時代、百済は経済力でいえば、半島でもっとも豊かな国であった。韓国史学界での通説的な認識でも、高句麗が「軍事大国」であるのにたいし、百済は「経済富国」とされている。

しかし三国統一戦争の結果、他の両国を滅ぼして半島の統一を成し遂げたのは、軍事大国の高句麗でもなければ経済富国の百済でもなく、軍事的には高句麗に劣り、経済力では百済に遠く及ばない新羅であった。一体、なぜなのか。

本章の論述は、この大いなる疑問点から出発するのであるが、実はそれと関連して、もう一点、三国統一戦争にたいする韓国人自身のまなざしを観察してみると、たいへん興味深いものがある。

すなわち、韓国史上あれほど重要な三国統一戦争にたいし、韓国の代表的な史家や知識人の一部は、むしろ屈折した、複雑な感情で評価している点である。

たとえば、朝鮮戦争前にソウル大学校師範大学長・文理大学長を歴任した、歴史学者の孫晋泰《そんしんたい》氏は、名著『朝鮮民族史概論』（一九四八年）において、「高句麗による民族統一が成し遂げられず、新羅によって民族と領土の半分的統一（編集部注、新羅統一後、大同江以北の半島北西部と旧高句麗領の中国東北部地域が唐および渤海の領土となったため「半分」と形容される）がなされたことは、民族的にも大きな不幸」であると論じていた。

あるいは前述の盧泰敦博士も、その代表作である『古代朝鮮　三国統一戦争史』の「終わりに」の最後の一行を、次のように締めくくっている。「要するに、対外関係の側面から三国統一戦争がもつ意義は、『事大交隣』という朝鮮半島王朝の対外政策の基本的枠組みを形成することに、この上なく大きな影響を与えたところにある」。

つまり盧博士からすれば、外国の巨大勢力に迎合して保身を図るという、朝鮮史上、とりわけ悪名の高い「事大主義」の伝統は、まさに三国統一戦争の結果として生まれたものとされるのである。このようなマイナス評価はまた、盧博士の「三国統一戦争研究」から

三国時代（六世紀）の朝鮮半島

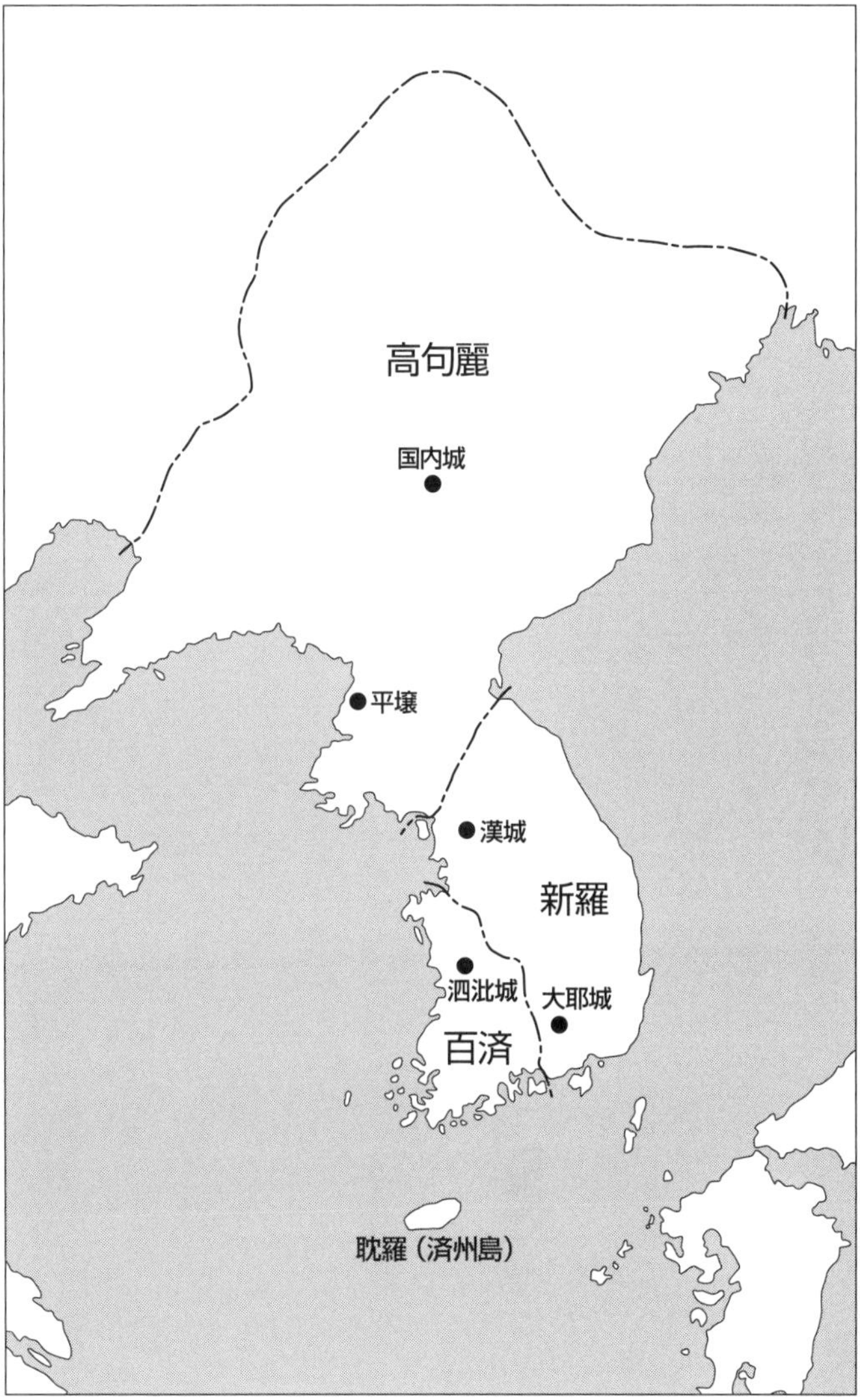

導き出された、最終的な結論でもある。

ならば、「事大主義」という恥ずべき伝統の枠組みを作り、朝鮮民族にとっての「民族の不幸」とされるこの三国統一戦争とは、一体どういうものだったのか。それこそ、本章がこれから吟味していくテーマであるが、それを論述していく中で、「なぜ弱小だった新羅が戦争に勝ち抜いて、統一を成し遂げることができたのか」の理由も、自ずと分かってくるのではないかと思う。

高句麗と百済の「告げ口外交」とその結末

「三国統一戦争」は韓国史上、いつから始まったのか。それについて、盧泰敦博士は前掲書の中で、韓国史学界で唱えられている、いくつかの学説を紹介しているが、その有力なものは「隋唐帝国の登場に求める説」であるという。つまり六世紀以降、中国大陸で隋と唐という二つの大帝国が相次いで登場したことが、朝鮮半島における三国統一戦争の始まりになったとする考え方である。

しかし、半島内部の「統一戦争」が、一体なぜ、中国大陸の王朝交替をもってその始まりとするのか。「三国統一戦争の始まりを隋唐帝国の登場に求める説」に接して、「おや？」と意外に思われる読者もいるかもしれないが、実は両者の間には、多いに関連があるのだ。

朝鮮半島における三国統一戦争の性格とその結末は、中国大陸の隋帝国、そして特に唐帝国の存在や動きと、切っても切れない緊密な関係があったのである。そして、三国の中で軍事的にも経済的にも劣っていた新羅が、戦争に勝ち抜いたことの理由も、さらに一部の韓国の学者がこの戦争をあまり快く思わない理由も、まさにここにある。

隋・唐帝国が誕生するはるか以前から、半島で鼎立していた高句麗・百済・新羅の三国は、中国大陸の政治勢力と、さまざまな結びつきを持っていた。

漢帝国が衰退する中で、高句麗が成長したことは前述の通りだが、紀元三世紀に後漢王朝が滅亡した後、中国大陸では、日本人にも『三国志』などでお馴染みの、三国時代の乱世が始まった。それに終止符を打ったのは西晋王朝の全国統一（二八〇年）であるが、この王朝はまもなく内乱で崩壊してしまい、紀元五世紀半ばから六世紀末まで、中国は再度、南北朝時代の大乱世に入った。

南北朝時代の中国では、少数民族の作った北魏・北斉・北周などの王朝が交替しつつ、大陸の北部を支配したので「北朝」と呼ばれる。そして大陸の南部では、宋、斉、梁、陳という四つの王朝が興亡を繰り返した。それらが「南朝」と呼ばれるのである。

他方、同時期に朝鮮半島でしのぎを削っていたのは高句麗、百済、新羅の三国である。生き残りを図るため、あるいは半島内の覇権争いで優位に立つために、彼らは競って中国大陸の王朝に接近し、朝貢国となった。中国王朝からの支援を求めたり、中国王朝の権威を借りて自らの立場を強化するのが目的である。

たとえば高句麗は、中国大陸で北朝の北魏が南朝の宋、斉と対立する中で、南北両朝に朝貢する政策をとった。高句麗の国王は、北朝と南朝に毎年、使者を派遣して朝貢を繰り返し、両方の王朝から「都督・将軍」などの称号をもらった。対立する北朝と南朝を互いに牽制《けんせい》することによって、大陸からの侵略を未然に防ぐことが、その「両面外交」の狙いの一つであった。

時には、中国王朝の権威を利用して、敵対する他の半島国家を圧迫するのも、高句麗の戦略となった。たとえば高句麗の文咨明王《ぶんしめいおう》（在位四九二年～五一九年）の治世、百済が新羅と同盟して高句麗に対抗していた中で、北魏の宣武帝（在位四九九年～五一五年）に朝貢の使者を派遣した文咨明王は、次のように訴えた。

「弊国は、藩属となってから朝貢を欠かしたことは一度もありません。しかし今、真珠などを産出する耽羅《たんら》（現在の済州島）は百済に併合され、黄金などを産出する扶余《ふよ》（中国東北部）は勿吉《もっきつ》（のちの女真族）に逐《お》われてしまいました。百済と勿吉のせいで、もはや真珠と黄金を捧げることができません」

つまり高句麗の王は、使者を遣わして中国皇帝への「告げ口外交」を展開したわけだ。皇帝様に真珠を捧げることができなくなったのは、百済が悪いからだと訴えた真意は当然、「百済を何とかしてくれませんか」と、中国の皇帝に「直訴」することにあった。半島内の戦いに勝つために、中国皇帝の力を借りようとするこの発想は、異なる歴史を持つ日本人の目にはいかにも奇異に映るだろうが、本書を通読して頂ければ分かるように、実はそれこそ、現在にまで受け継がれている、朝鮮半島の人々の不変の習性なのである。

しかし、高句麗の訴えにたいする北魏からの返事は、まことに絶妙なものであった。宣武帝は使者をこう諭《さと》したという。

「杯に酒がないのは、注ぐべき酒のない徳利の恥だ。真珠と黄金が手に入らないのは、高句麗自身の恥ではないのか。高句麗の責任でもって百済や勿吉と交渉すべきだ。真珠や黄金の貢ぎは怠ってはならない。朕の考えを王に伝えるがよい」と。

要するに、宣武帝は高句麗からの直訴をまったく受け付けず、逆に文咨明王の尻を叩いて朝貢を実行するよう、責め立てたのである。高句麗の「告げ口外交」は見事に失敗した。

非常に興味深いことに、この同じ北魏王朝にたいして、実は百済も同じような「告げ口外交」を行っていた。

北魏史上もっとも英明といわれる孝文帝（在位四七一年〜四九九年）が即位した時、百済国王の蓋鹵《がいろ》王（在位四五五年〜四七五年）はさっそく慶賀の使節を遣わして、北魏への国書を呈上した。その中で蓋鹵王は、何と、高句麗に対抗するための軍事的支援を孝文帝に求めたのである。

国書は概略、次のようなことを述べている。

――弊国は建国以来、歴代中華王朝の教化を受けておりますが、高句麗が道を塞いでいるため、思うように朝貢ができません。しかも高句麗はますます高圧的になって弊国を圧迫し続けています。どうか弊国を憐れんで下さい。援軍を派遣して弊国を救って下さい。

前述の高句麗からの直訴と同様、百済もまた、「満足に朝貢できない」ことの責任を、敵対する隣国に押し付けて、中国皇帝の心を動かそうとしている。しかしそれにたいする孝文帝の返事もまた、冷淡そのものであった。

孝文帝曰く、高句麗が百済の領土を侵犯していることは分かった。しかし高句麗はわが北魏にもちゃんと朝貢しているから、北魏の命に背いたわけでもない。したがって北魏が（百済のために）高句麗を討伐するのは道理に反する。もし今度、高句麗が朕の命に従わないことがあれば、改めて討伐するのでも遅くはない。その時は、高句麗までの道案内を頼もう。

孝文帝からのこの返事をもって、中国王朝の軍事力を借りて高句麗をやっつけようとする百済の目論みは、見事に失敗に終わったが、当時の北魏王朝の状況からすれば、それはむしろ当然の結果だ。

その頃の中国大陸では、南朝と北朝が常に軍事的対立を続けており、いずれも、朝鮮半島の内紛に軍事介入する余裕はなかった。半島の国々が朝貢してくることは、中国皇帝にとって、自らの権威を高めるために役に立つ、嬉しいことではあるが、それだけのために、一朝貢国の口車に乗せられて、軍事支援までしてやるつもりはさらさらない。こういうわけで、北魏にたいする高句麗と百済の「告げ口外交」は、両方とも失敗に終わった。

このような冷淡な対応をしたのは、もちろん、北魏に限ったことではない。中国の南北朝時代を通して、朝鮮半島内部の争いに軍事的介入を行った王朝は一つもなかった。南北対立に明け暮れる中国王朝からすれば、半島内部の争いは取るに足らない「子供の喧嘩」でしかない。介入しないのは当たり前のことだ。それよりもむしろ、自分たちの争いに中国王朝を巻き込もうとする半島の国々のやり方が、かなり異様なのである。

しかし、半島の国々にとって幸か不幸か、「介入しない」中国王朝の基本姿勢に、大きな転機が訪れる時が来た。長く続いた中国大陸の南北朝時代が、とうとう終焉を迎えたのである。紀元五八一年、北朝の北周から政権を受け継いだ隋が建国されると、五八九年、隋は南朝の陳という国を滅ぼして、中国を再統一した。西晋滅亡以来、三百年ぶりに、中国大陸に強大な統一帝国が誕生したのである。

その結果、中国王朝の朝鮮半島にたいする関わり方が、劇的に変化した。韓国史学界の一部がそう考えているように、中国大陸で隋という統一帝国が成立したことが、まさに、朝鮮半島における「三国統一戦争」の始まりをもたらしたのである。

高句麗侵略の先導役を買って出た百済

五八一年に隋王朝が成立すると、高句麗と百済はさっそく、隋にたいして朝貢を行い、隋の初代皇帝の文帝（在位五八一年〜六〇四年）からそれぞれ「帯方郡公」、「遼東郡公」として称号を授けられた。同時に、両国は、南朝の陳王朝にたいしても、今まで通りの朝貢をしばらく続けていた。しかし五八九年に隋が陳を滅ぼして中国を統一すると、半島の国々の両面外交はもはや通用しなくなった。ここにおいて、彼らは、中国大陸で久しぶりに出現した統一帝国にどう対処するのか、という、国の存亡にかかわる大問題に直面したのである。

高句麗、百済、新羅の三国はとりあえず、隋帝国に朝貢して恭順する姿勢を示した。しかしその中でもっとも大きな不安を抱えていたのは、やはり高句麗である。他の二国と違って、高句麗だけが隋帝国と国境を接しているために、大陸での統一帝国の出現はそれだけ、高句麗にとって大きな脅威となるのである。

したがって高句麗は、隋王朝に朝貢を続けながらも、ひそかに軍備の増強や兵糧の蓄積を急いだ。そして五九八年、高句麗の嬰陽王《えいよう》（在位五九〇年〜六一八年）は一万の軍を率いて、高句麗との国境に隣接する隋王朝支配の遼西郡に突然、侵攻した。おそらくこれは、隋王朝の出方をうかがうための偵察的な意味合いの軍事行動であったが、それに激怒したのは隋の文帝である。隋王朝はさっそく嬰陽王に授けた称号をはく奪した上で、三十万人の大軍を高句麗にさし向けた。

隋の文帝がそこまで本気になって怒るとは、予想すらしていなかった高句麗側は、慌てて文帝に使節を遣わして、謝罪した。その国書の中で、嬰陽王が自らを「遼東の糞土《ふんど》臣」と貶《おとし》めて、文帝のご機嫌をとったことは有名な話だが、高句麗征討に向かった隋王朝軍が長雨に遭って、疫病が流行したなどの要因も手伝って、隋王朝は結局、高句麗討伐を途中で取りやめた。

高句麗はこれで一安心したが、その時、隋王朝の討伐軍をふたたび朝鮮半島に呼び戻そうと躍起になったのが、同じ半島国家の百済であった。隋軍がすでに撤退した五九八年九月、百済の威徳王（在位五五四年～五九八年）は、使者を隋王朝に派遣して、高句麗にたいする再度の討伐を嘆願した。

その際、威徳王が隋の文帝にたいして、「陛下が高句麗に再征する時には、わが百済は道案内役を務めたい所存（軍導を為さんと請う）」と伝えたという（『隋書百済伝』による）。要するに百済国王は、同じ民族の高句麗にたいする隋王朝の再度の侵攻を嘆願しただけでなく、侵略軍の先導役を自ら買って出たのであった。日本人の感覚からすると、実に驚くべき無節操ぶりであるが、実はそれこそが、本書を通してこれから嫌というほど繰り返し見て頂くことになる、半島民族の一貫したやり方なのである。

百済からの「侵略要請」にたいして、高句麗討伐を取りやめたばかりの文帝は、当然のごとく断った。それからしばらくの間、隋王朝と高句麗の間では平和が続いたが、六〇四年に文帝が死去して二代目皇帝の**煬帝**《ようだい》（在位六〇四年〜六一八年）が即位すると、状況はまたもや変化した。

野心家の煬帝は、皇帝に即位した後、隋王朝の創始者である父親の文帝を超えるような、何らかの「大業」を成し遂げたいと狙っていた。そこで、父親が挫折した高句麗討伐の再開が、魅力的な選択肢の一つとなった。高句麗を征服できれば、先代の文帝どころか、漢帝国の偉大なる皇帝である、武帝さえ超えることができるのだ。漢武帝の作った「朝鮮四郡」が高句麗によって滅ぼされて以来、朝鮮半島への支配権の回復は歴代中華王朝の宿願で、それこそ中華皇帝としての自分の使命だと、先代が作り上げた統一帝国を受け継いだ煬帝は決め込んだようだ。高句麗再征の意志を固め、機会をうか

煬帝（隋朝の第二代皇帝）

がっていた。

　ちょうどそこで、新中華皇帝となった後継者の野心に付け込む形で、隋王朝軍による半島侵略を再度、懇願してきたのが、やはり同じ半島国家の百済だったのである。

『隋書百済伝』の記述によると、煬帝の即位から三年目の六〇七年、百済は隋に使節を遣わして、高句麗再征を要請した。それにたいして、新皇帝の煬帝からは肯定的な返事を得ることができた。煬帝はさらに、高句麗の内部情勢を偵察しろという指示まで出した。百済は当然、積極的に協力したが、それでも隋王朝は、すぐに動こうとはしなかった。隋王朝の鈍い動きに焦りを感じたのか、六一一年に百済はふたたび使節を隋に派遣して、高句麗出兵の具体的な期日を問い合わせてきた。そこでついに、やる気満々の煬帝は、百済に高句麗征伐の決行を伝えると同時に、そのための謀議を百済との間で行ったと、『隋書』は記している。

　実はその時、もう一つの半島国家である新羅も動いた。高麗時代に編纂された、正史である『三国史記・新羅本紀』の記述によれば、六一一年に、新羅も隋に使者を遣わして、高句麗への出兵を要請したという。

　このようにして、半島国家の百済と新羅が揃って、同種同族であるはずの高句麗を侵略するよう、外国の王朝に頼み込んだのである。特に百済の場合、当の隋王朝よりもこの侵略戦争の開始を待ち望んでいるような様子であった。それはまさに、世界史上の奇観ともいうべき光景であるが、煬帝の戦争決断を後押しした大きな要素として、百済と新羅の要請があったと考えざるを得ない。

実際、『隋書・煬帝紀』の記述によれば、侵略を要請した百済の使者が隋に到着して朝貢したのは六一一年二月四日であるが、同月二六日に煬帝が高句麗討伐の詔書を発したという。百済の使者到来は、彼が高句麗征伐を決心する一つのきっかけであったことがうかがえる。

百済と新羅の願い通り、紀元六一二年、隋は百万人の大軍を派遣して、高句麗征伐を再開した。しかしこの時も、高句麗が国の命運をかけて徹底的に抗戦した結果、煬帝の軍事行動は完敗に終わった。その後も、煬帝はその短い治世の中でさらに二回、高句麗への再征伐を試みたが、いずれも失敗に終わっている。そしてこの挫折が、煬帝の国内の権力基盤を大いに揺るがし、隋王朝の崩壊を早めたことは、中国史上の常識である。

その一方で、高句麗が隋王朝の侵略を撃退し続けたことは、朝鮮半島にとって幸いだった。ある意味で、高句麗という国はずっと、朝鮮半島を中華帝国の侵略から防ぐ「防波堤」の役割を果たしていた。しかし、それにもかかわらず、大陸の軍勢から守られているはずの、南の百済と新羅は、高句麗と協力して隋王朝の侵略に抵抗するどころか、むしろ隋王朝を焚き付けて高句麗への侵略をそそのかし、さらには侵略戦争に「先導役」として加担しようとした。この二つの半島国家の無節操ぶりと愚かさには、まったく驚くばかりであるが、本書を読み進めていけばお分かり頂けるように、こうした愚行はむしろよくあることで、韓民族のＤＮＡともいうべき、独自の行動パターンから出てくるものなのである。

復讐に燃える金春秋の執念と謀略

高句麗征伐に失敗した隋王朝が国内の反乱で崩壊した後、代わって中国大陸を支配したのは、唐王朝である。時は六一八年、東アジア古代史上、たいへん重要な位置を占める新たな統一帝国が誕生したのである。

唐王朝の二代目皇帝である**太宗**《たいそう》（在位六二六年〜六四九年）の治世になり、国内が安定してくると、周辺民族の制覇という中華帝国の伝統政策が、ふたたび政治課題に浮上してきた。中でも、前王朝が失敗した高句麗征伐が、当然、太宗の視野に入ってきた。

六四四年、太宗は自ら大軍を率いて高句麗征伐を開始した。唐王朝軍は、緒戦では高句麗の数多くの城や砦を陥落させて快進撃を続けたが、高句麗領内の山がちな土地に深入りしていくにつれて、高句麗軍の激しい抵抗に遭い、前進の勢いが衰えた。やがて冬となり、寒気が襲ってくると、唐王朝軍はやむを得ず撤退を決めた。太宗による高句麗征伐も、やはり失敗に終わったのだ。

太宗はあきらめることなく、以後も六四七年と六四八年、奇襲作戦による高句麗征伐を実行したが、二度とも失敗に終わった。

高句麗に連戦連敗を喫したことで、唐の太宗は大きなジレンマに陥っていた。前王朝の隋が、まさに高句麗征伐の失敗で天下を失った教訓があるからだ。太宗としては、自分の失敗を何とかして挽回できなければ、中華皇帝の威信に大きな傷がつくだけでなく、王朝そのものの存続も危うくなるかもしれない。しかしこのまま高句麗

太宗（唐の第二代皇帝）

征伐を続行しても、厄介な相手を打ち破る妙案はなかった。失敗をさらに重ねていけば、傷がますます大きくなるだけのことだ。太宗の悩みは深まる一方である。

ちょうどその時、朝鮮半島の新羅から、一人の重要人物がはるばる、唐王朝首都の長安にやってきた。「高句麗を打ち破るための必勝法」を太宗に献言するために訪れたのである。

その人物とは、新羅王族の**金春秋**《こんしゅんじゅう》である。実は彼こそ、これから展開されていく「三国統一戦争」の趨勢《すうせい》を決定づけた、最大のキーマンであった。

金春秋は唐の太宗にどのような献策を提示したのか。それを語る前に、当時の朝鮮半島の内部情勢に、もう一度目を向けてみよう。

半島では、前述したように、はるか以前の四世紀頃から、高句麗、百済、新羅の三国が領土拡大を狙って、外交上の合従連衡と、軍事的攻防を繰り返してきた。こうした中、百済で外交戦略上の一大変化が起きたのは、六四一年に即位した義慈《ぎじ》王（〜六六〇年在位）の時

金春秋（のちの武烈王、新羅第二十九代国王）

代のことである。

義慈王は即位早々、今まで敵対してきた高句麗と和睦し、連携を求めた。その戦略的な狙いは、高句麗と友好関係を結んだ上で、力を新羅に集中して一気に攻略することだったが、一方の高句麗にとってみれば、来たるべき唐王朝からの再侵攻に備えて、南の隣国である百済と安定した関係を作った方が得策との判断もあった。

こうして高句麗と百済との同盟が成立すると、翌六四二年、百済の義慈王はさっそく、新羅への大規模な軍事侵攻を開始した。この年の七月には、義慈王の軍隊は一挙に新羅の四十あまりの城を攻撃して陥落させ、新羅に大きなダメージを与えた。八月には、新羅の重要拠点である大耶《てや》城を落とした。

実は、この大耶城の陥落において、後に百済自身の運命を決する事件が起きたのである。大耶城の新羅側の城主は品釈《ひんしゃく》という人だったが、百済軍の攻撃で大耶城が落ちる寸前に、百済軍の勧誘に応じ、妻子とともに城から出て降伏した。しかし百済の将軍は、「降伏すれば命を助ける」という約束を直ちに破って、品釈一族をことごとく斬首した。

ところが、その時殺された品釈の妻は、普通の人ではなかった。もとは新羅の王族の出自であり、その父親こそ、金春秋だったのである。

当時の新羅の国王は善徳女王であったが、同じ王族だった金春秋は、善徳女王がもっとも信頼する重臣の一人として、新羅の実質上の宰相の立場にあった。

自分の愛娘が大耶城で惨殺されたことに、金春秋は大きなショックを受けたらしい。『三国史記・新羅本紀』の記述によると、金春秋は娘の死を聞き、柱に倚《よ》りかかって立ったまま、終日瞬きもせず、誰かが目の前を通り過ぎても、振り返ることさえなかったという。

そして、衝撃と悲痛から立ち直った時、金春秋の心に満ちていたのは、百済への復讐の念だけであった。その日から彼は、何としても百済を滅ぼしてやろうと、心の中で誓ったという。ある意味で半島史上の三国統一戦争は、まさにその時、火蓋《ひぶた》が切って落とされたのである。

もちろん、当時の新羅の軍事力だけで百済を滅ぼすなど、とても無理な話であることも、冷徹な政治家である金春秋にはよく分かっていた。現に、義慈王の大軍の攻撃に、新羅は圧倒されている。そうなると、百済を滅ぼして自らの復讐を成し遂げ、かつ新羅を国家的窮地から救い出すために、金春秋に残された手段はただ一つ、百済との戦いに他国の勢力を巻き込むことであった。

金春秋はさっそく、外交交渉を展開した。大耶城が陥落した年の冬、彼がまず赴いたのは、敵対関係にあった高句麗である。高句麗に和平を求めた上で、共同して百済を攻撃するよう要請した。しかし前述の通り、当時の高句麗はすでに百済と連携していたから、金春秋の求めに応じるつもりはまったくなかった。それどころか、翌六四三年、高句麗はむしろ百済と連携して新羅を攻撃した。金春秋と新羅はますます窮地に立たされた。

金春秋が、次の連携相手として選んだのは日本である。六四七年、金春秋は海を渡ってはるばる日本にやって来て、大和朝廷に対百済戦への支援を求めた。しかし後述するように、当時の大和朝廷はむしろ百済と「準同盟関係」にあったから、新羅からの要請に応じるはずもない。金春秋は結局、何の収穫も得られないまま、帰国の途に就いた。

そこで金春秋は、唐帝国を動かすことに最後の望みを託した。唐帝国を百済への軍事攻撃に誘い出すことは、新羅と金春秋にとって、自らの生き残りを図って百済への復讐を果たすために、残された唯一の戦略となった。

しかし唐帝国の大軍を百済攻撃に誘い出すには、大きな難点があった。当時の唐王朝は確かに高句麗を叩き潰そうとしていたが、百済まで攻撃する意図はまったくなかったのである。百済はまた、少なくとも形式的には唐王朝に朝貢し、恭順の意を示している。唐王朝にしてみれば、高句麗征伐の前に、さらに遠い朝鮮半島の南にまで遠征し、百済を攻撃しなければならない理由がなかったのである。

もちろん、それであきらめるような金春秋ではない。復讐に燃える彼はついに、唐帝国を説得して百済攻撃に誘い出す「論理」を編み出したのである。

前述のように、唐の太宗は当時、何としても高句麗を打ち破りたかったが、なかなか妙案が見つけられずにいた。そこで金春秋は太宗をこう口説くことにした。高句麗が、北からの唐王朝の攻撃に全力を挙げて反撃し対抗できたのは、半島南部の百済と連携して、南からの支援を受けているからだ。ならば、唐王朝はまず、百済を攻撃すればよい。百済を滅ぼすことができれば、後方からの高句麗への支援を断つことができるだけでなく、南と北の両方から高句麗を挟み撃ちすることもできる。そうすれば、高句麗征伐は必ず成功するであろう、と。

これが「献策」の基本内容であるが、おそらく金春秋は、高句麗問題で苦慮している太宗が必ず飛びついてくるような、うってつけの妙案として提示できるよう、考え抜いたのだろう。

六四八年の末、金春秋は満を持して、唐王朝に赴いた。彼にとって、百済を滅ぼして己の志を成し遂げられるかどうか、すべてはこの訪問の成否にかかっていた。

長安で太宗に謁見した金春秋は、例の「建言」を大宗に献じると同時に、百済への出兵を正式に依頼した。『三国史記・新羅本紀』の記載によると、その時、金春秋は大宗にたいして、「もし陛下が天兵をお貸し下さり、この凶悪な連中を排除しなければ、わが国の人民は百済の思うままに虜囚となってしまい、天朝（唐王朝）への職務（朝貢）を果たせなくなるのです」と訴えたという。

要は金春秋も、やはり最後には、「われわれを守ってくれなければ朝貢できなくなる」という、半島国家が中華帝国を動かそうとする時の「殺し文句」を口にしたわけだ。何としても大宗を説得しなければならないという、切羽詰まった様子がうかがえる。

これにたいして、唐の太宗は、金春秋と新羅が望んだ通りに、しかし韓民族にとっては不幸なことに、百済への出兵を約束した。おそらく、「百済を滅ぼせば、高句麗を簡単に打ち破ることが出来る」という金春秋の献策が、太宗の心を多いに動かしたのであろう。

中国側の史書である『旧唐書』の記載によれば、太宗は金春秋の来訪をたいへん喜び、官位三品以上の高官を集めて、盛大な歓迎宴会を催した。金春秋本人に唐王朝の高い官位を授けただけでなく、一緒に来訪した金春秋の子息の文王を、左武衛《さぶえい》将軍に任じたという。

朝貢国の一臣下である金春秋にたいする、こうした異例の厚遇ぶりは、太宗自身が金春秋の献策をたいへん喜んでいたことの表れであろう。

出兵の約束を太宗から取り付けて有頂天になった金春秋は、太宗の決心をさらに固めようとして、「次の手」まで打った。

まず長安滞在中、彼は太宗に衣帯の下賜を願い出て、今後、新羅の官僚は、唐王朝の制定した服制（衣服制度）に倣って、中国風の官服を着用するとの意思表明を行った。彼の狙いは、新羅の政治中枢の外見を唐風一色に塗り替えることで、唐王朝にたいする「忠誠心」を目に見える形で示そうとしたのである。

さらに、自分の帰国直前の宴の席で、金春秋は太宗に、自分の息子の文王を、皇帝のそばに仕えさせてほしいと願い出た。それは、太宗への「忠誠心」を改めて表明する意味があったと同時に、皇帝の身辺に、重要なパイプ役を置いておくという周到な布石でもあったろう。太宗はもちろん、それも快く受け入れた。

「すべては終わった」と、金春秋は胸を撫《な》で下ろして、帰国の途についたであろう。残るは唐王朝による正式の出兵決定を待つだけだ。金春秋の謀略は成功寸前であった。

しかしその後、金春秋と新羅にとって、青天の霹靂《へきれき》ともいえる大事件が起きた。六四九年五月、金春秋が長安訪問から帰国してわずか半年後、肝心の唐の太宗が、急逝してしまったのである。

招かれた唐王朝軍の百済侵略

太宗の死去によって、唐帝国の力を借りて百済を滅ぼそうとする金春秋の謀略は、ピンチに立たされた。百済に出兵するという太宗の約束が、その死とともに雲散霧消した可能性もあり、太宗の後継者となる次の皇帝が、朝鮮半島にたいしてどのような考えを持つのか、まったく未知数だったからである。

もちろん、これであきらめる金春秋ではない。太宗の死去と同じ六四九年から、新羅は、約束通り、唐王朝の衣服制度を全面的に導入・実施しただけでなく、自国が今まで使ってきた年号を廃止して、唐王朝の年号を使うようになった。こうして唐王朝への全面的恭順を示すと同時に、新羅は新しい唐の皇帝へのアプローチを急いだ。

太宗の後を継いだのは高宗（在位六四九年～六八三年）である。即位翌年の六五〇年、新羅は使者を長安に遣わし、錦に織らせた「五言太平頌《ごごんたいへいしょう》」という題の漢詩を、高宗に献上した。

その中身は「天を統御したれば貴き雨降り、万物を収めたれば物みな光彩を含む。深き仁徳は日月にも比して、巡る運数は古の陶唐の世へむかう」と、唐王朝と高宗にたいして気味が悪いほどの、最大限の賛美を捧げると同時に、「外夷の帝命に背く者、刀刃《とうじん》に倒れて天罰を受ける（外夷違命者、剪覆被天罰）」とも述べて、百済への出兵を暗に促したのである。

それに続いて、金春秋は、次男の金仁問《きんじんもん》を唐王朝に送り込み、高宗の宿衛とした。後年、唐帝国が百済に征伐軍を送った時、この金仁問は副将の一人として随軍することになるから、金春秋が息子を高宗の身辺に送り込んだ意図はよく分かる。

そして六五二年と六五三年、新羅は立て続けに唐王朝に使者を派遣して、百済への出兵を要請した。出兵の決定が現実となるまで、金春秋はどこまでも粘り強く働きかけていくつもりであった。

しかし、にもかかわらず、唐王朝から色よい返事は返ってこなかった。先代の太宗と違って、高宗はそもそも優柔不断で知られる弱い皇帝である。そして王朝の内部では、出兵にたいする反対意見も根強かったから、なかなか結論が出ない状態であった。もちろんその間、百済の新羅にたいする攻撃も、激しさを増していった。

　こうした中、六五四年に金春秋自身が新羅国王となり、武烈王と称することになった。国王となった彼が、一体どのような気持ちで唐王朝の出兵を待ち焦がれていたか、『三国史記・新羅本紀』には次のようなエピソードが紹介されている。


　冬十月（六五九年）、武烈王（すなわち金春秋）は朝元殿でぼんやりと坐っていた。いくら唐に出兵を嘆願しても、よい返事はなかなか来ない。王の憂色は体全体に広がるようであった。すると突然、王の前に誰かが姿を現した。昔の臣下だった、長春郎と罷郎《ひろう》によく似た姿である。その者たちは次のように上奏した。

「臣はすでに枯骨《ここつ》となっていますが、報国の心は今でも持っております。昨日、大唐に参り、皇帝が大将軍蘇定方《そていほう》らに、兵を率いて百済討伐に向かうよう命じたことを知りました。急いでそれを、大王に報告に来たのです」

　武烈王はそれを聞いて大いに驚き、両家の子孫を厚く賞し、さらに所司に命じて、漢山州に荘義寺を創建して、両名の冥福を祈った。

これはおそらく、後になってからの作り話であろうが、唐王朝の出兵を、一日千秋の思いで待ち焦がれていた金春秋の気持ちを、分かりやすく示すものである。

　そして、彼にとって幸いだったことに、この「夢」を見た翌年の三月、唐王朝は公式に、百済への出兵を決めたのである。六五九年、朝鮮出兵に反対していた高宗の叔父の長孫《ちょうそん》無忌《むき》が、高宗の皇后である**則天武后**《そくてんぶこう》との政争に敗れ、失脚した結果、朝廷の実権は則天武后が握ることになった。そのすぐ後の出兵決定であるから、おそらく、優柔不断の高宗に取って代わり、決断力に富んだ則天武后が決定を下したと思われる。とにかくこの決断によって、金春秋と新羅は救われた。もちろんそれは、十数年にもわたり、あの手この手を使って唐王朝に働きかけ、出兵を促し続けた金春秋の絶えざる努力の賜物であった。

　しかし同時に、百済の運命は、まさに風前の灯火となった。当時の百済国王は前出の義慈王であるが、彼は儒教に造詣が深いことで

則天武后（武則天、唐朝第三代高宗の皇后で、のち自ら周朝を建てた）

も知られており、孔子の高弟の曾子《そうし》にちなんで「海東の曾子」と呼ばれるほどの人物であった。

義慈王は、唐王朝の出兵の直前まで、自国が最大の危機の瀬戸際に立たされていることを知らなかった。おそらくこの「海東の曾子」は、敵国の新羅が唐帝国の軍隊を半島に実際に招き入れることに成功し、百済を攻撃させる汚い手を、まさか使ってくるとは夢にも思わなかったのであろう。しかしその「まさか」が、現実となった。

六六〇年三月、唐の高宗の命を受けた、蘇定方を遠征軍司令官とする十三万人の唐軍が百済に向かって進発した。その時、新羅国王・金春秋の次男の金仁問は、副将として唐軍の中にいた。

唐軍の出動に呼応して、新羅軍も動き出した。この年の五月、金春秋（武烈王）率いる五万の大軍が、百済に向けて侵攻を開始した。唐軍は中国大陸の山東省あたりから海を渡って、半島の西海岸である百済の領土に上陸して攻め入り、新羅軍は百済の東から陸路で侵入し、攻撃した。

こうして、唐王朝と新羅の連合軍が東西両側から百済を挟み撃ちすることとなった。

唐・新羅連合軍を統括したのは、当然、唐軍の大将軍である蘇定方であり、新羅の武烈王はその指揮下に入った。

対新羅の単独戦なら優勢であった百済も、さすがに唐・新羅連合の大軍には歯が立たなかった。七月九日、唐・新羅連合軍はついに百済軍の主力部隊を破り、同十二日に、百済の首都である泗沘《しび》城を包囲した。翌十三日、義慈王は泗沘城を放棄して熊津城に逃げ込んだが、それも直ちに包囲されてしまった。十八日、観念した義慈王はついに唐・新羅連合軍に降伏を申し入れた。ここに、百済という国は滅亡したのである。

首都の泗沘城が唐・新羅連合軍の手に落ちた時、百済の宮廷に仕えていた三千人の宮女たちが、城内の扶蘇《ふそ》山の断崖から白馬江に身を投じたという悲話があり、「落花三千」として今でも語り継がれている。よく考えてみれば、人の涙を誘うこの悲劇を生んだ張本人は、中国大陸からやって来た唐王朝軍であると同時に、朝鮮半島にその侵略軍を招き入れた、同じ韓民族の新羅とその国王・金春秋でもあったのだ。

唐の侵略軍の先導役を務めた、高句麗の元最高権力者

悲願の大仕事を成し遂げた金春秋は、百済滅亡翌年の六六一年六月、武烈王として在位

のまま死去した。外国の侵略軍を半島に招き入れるという、前代未聞の禁じ手まで使って百済を滅ぼし、生涯の復讐を果たした彼は、おそらく心残りのない、穏やかな最期を迎えたであろう。しかし彼によって悲劇的な犠牲者が一気に増えた三国統一戦争は、依然として継続中であった。

百済を滅ぼした後、唐王朝の次の標的は当然、高句麗である。そもそも唐王朝にとって、百済征伐は高句麗攻略という真の目的を達成するための、単なる通過地点にすぎなかった。百済での戦後処理を終えた直後から、唐王朝はさっそく次のステップに移った。

六六〇年十二月、百済滅亡のわずか五カ月後、唐の高宗は正式に高句麗征伐を発表した。そして翌年の六六一年四月、帰国していた蘇定方を、ふたたび朝鮮半島出兵の主将に任命した。唐王朝は全三十五道の兵力を動員して、高句麗侵攻の準備を着々と進めていた。

新羅の武烈王（金春秋）が急死したのはちょうどその頃であるが、彼の後を継いで文武王（在位六六一年〜六八一年）が即位すると、唐の高宗はさっそく、百済征伐の従軍を終えて長安に戻っていた金仁問（金春秋の次男、文武王の弟）を新羅に帰国させ、喪中の文武王に高句麗征伐への共同出兵を命じた。もちろん文武王は命じられるままに、金仁問などを将軍とする遠征軍を編成して待機させた。

一方の高句麗は、唐・新羅連合軍の侵攻に備えて、徹底抗戦の準備を進めていた。高句麗では六四二年、淵蓋蘇文《えんがいそぶん》という実力者の大臣がクーデターを起こして、国王である栄留《えいりゅう》王と側近の大臣たちを殺した。政変の成功後、淵蓋蘇文は傀儡《かいらい》の国王を立てながら、自らは大対盧《だいたいろ》という最高の官位について、政治と軍事の全権を握った。高句麗では、淵蓋蘇文を中心とした強力な政権が出来たことで、六四四年から六四八年にかけて唐の太宗が発動した三度の侵攻を、ことごとく撃退することに成功したのである。

そして六六一年から始まった唐・新羅連合軍の攻撃にたいしても、淵蓋蘇文率いる高句麗軍は猛烈に抵抗した。緒戦では連合軍が快進撃を続けた。海を渡って攻めてくる唐王朝軍と、百済方面から陸路で攻め入った新羅軍は、高句麗奥地で合流し、首都である平壌城を包囲した。

しかし高句麗軍の必死の抵抗に遭って、唐・新羅連合軍はとうとう、平壌城を陥落させることが出来なかった。包囲して半年以上経っても頑強に抵抗し、やはり落とすことが出来ない。こうした中、兵糧の不足や悪天候が続くなど、状況の悪化に耐えきれなくなった唐・新羅連合軍は、高宗の命令で撤退を余儀なくされた。

唐・新羅連合軍による平壌包囲戦は、かくして失敗に終わったが、唐王朝にとって、平壊を包囲できたことは、長年の高句麗遠征でも大きな成果であった。なぜなら今までの軍事侵攻は、ほとんど高句麗軍の防御線付近で撃破され、高句麗中心部に攻め込んだことは一度もなかったからだ。この時初めて、首都の平壌まで進軍し、包囲することが出来たから、戦略的意味においては大勝利といってもよかった。

唐王朝軍がここまで侵攻することが出来たのも、新羅の協力に負うところが大きかった。新羅からの作戦の提案と支援を得て百済を滅ぼしたことで、まず高句麗を孤立させることに成功した。そして朝鮮半島南部を唐・新羅連合軍が制圧したことで、高句麗の背後と正面から、連合軍が挟み撃ちすることが可能になった。高句麗奥地まで侵入した唐軍にたいし、新羅が全力を挙げて兵糧など補給物資の供給を行ったからこそ、両国の連合軍が半年以上にわたって、平壌を包囲することが出来たのだ。

言ってみれば、金春秋死去後も、彼の謀略は依然として機能しており、それが唐帝国を大いに助け、高句麗を苦しめていた。三国統一戦争を終結へと導いた主役は最初から最後まで、やはりこの金春秋という人物だったのである。

唐・新羅連合軍による一回目の高句麗征伐からの撤退後、唐王朝はさっそく態勢を立て直し、再度の侵攻を計画しようとしていたが、思わぬ事態が起きた。滅亡したはずの旧百済領で、国の復興をめざす勢力が立ち上がり、唐王朝・新羅占領軍にたいして戦いを挑んできたのだ。百済再興勢力はさらに、隣国の日本（大和朝廷）から大軍を招き入れて、唐・新羅占領軍を追い払おうとした。

このため、唐・新羅連合軍は、百済復興軍と組んだ大和朝廷軍との戦いに全力を注ぐことを余儀なくされた。この戦いの結果、日本からの遠征軍が、かの有名な白村江で全滅することになったが、この戦いのため、唐と新羅は、高句麗征伐を一時的に中断せざるを得なくなった。

唐・新羅連合軍が高句麗への軍事侵攻を再開したのは、「白村江の戦い」から四年後の六六七年になってからである。連合軍にとっては今度こそ、満を持しての必勝の戦いであった。

さらにこの「最後の戦い」が始まる前、高句麗国内では、国の根幹を揺るがす政変が起きた。

六六五年、高句麗の最高権力者である淵蓋蘇文が死去したのである。国を率いて対唐・新羅戦に勝ち抜いてきた、この強力な指導者の死が、高句麗の弱体化につながるのは必至であったが、悪いことは重なるもので、彼の死後、後継者争いのお家騒動が起き、高句麗の政治中枢は大混乱に陥った。

淵蓋蘇文には、男生、男建、男産という三人の息子がいた。晩年の淵蓋蘇文は、自らの死後の一族の安泰を考えて、三人の息子それぞれに軍権を移管し、三人が協同して軍事政権を運営する後継者体制を作っておいた。

淵蓋蘇文が死去すると、長男の男生が後を継いで、次の大対盧に就任し、政権の頂点に立ったが、男建、男産の残る二人はけっして心服したわけではなく、兄弟間の疑心暗鬼が始まった。

六六六年初め、男生は地方の巡回視察に出かけて、首都平壌の留守を二人の弟に任せた。しかし配下の者にそそのかされた男建、男産は、突如として反旗を翻した。彼らは平壌を占領して政権の中枢を握り、兄の男生が首都に戻ってくることを拒んだ。

突然の政変で権力の座から追放された男生は、急いで高句麗の副都である国内城（現在の中国吉林省にある）に逃げ込んで、弟たちの中央政権と対峙した。しかし全体的情勢は男生に不利であった。首都と政権の中枢が弟たちに奪われた以上、自分の力だけで奪還するのはもはや不可能。国内城に閉じこもっていたら、ジリ貧となって、いずれ中央政権に討伐され、滅ぼされる運命にある。

では、どうやって生き延びればよいか。そこで男生が思い当たったのも、やはり唐帝国であった。彼の拠点である国内城とその支配する地域は、ちょうど高句麗と唐帝国との国境近くにあるから、唐王朝に降り、その強大な力を頼りにすることが、男生にとって、起死回生の秘策となった。

こうして、あれほど唐帝国に徹底抗戦した英雄・淵蓋蘇文の嫡子であり、しかも一度は高句麗の最高権力者の立場にあった男生は、自らの生き残りのため、唐王朝に降伏する決断を下したのである。

降伏の意を伝えるため、彼はさっそく、自分の側近を長安に遣わした。しかし唐王朝側は男生の投降話を、にわかに信じられなかった。何しろ、一度は高句麗の最高権力者の立場にいた人間である。簡単に降伏することなどありえないと思われたのだ。

男生は再度、もう一人の高官を派遣して、投降の意思を明らかにした。それでも唐王朝は受け付けてくれない。途方に暮れた男生はついに一大決心して、六六六年夏、嫡男の献誠を名代として長安に派遣した。献誠に自分の窮状を訴えさせ、降伏を申し入れたのである。それと同時に、唐王朝軍の高句麗攻略の先導役を務めることを申し出た。

これで初めて、唐王朝は男生の申し出が本当であると信じた。もちろんこれは、再度の高句麗征伐を考えていた唐王朝にとって、願ってもない絶好のチャンスであった。

さっそく動き出した唐王朝はまず、援軍を派遣して、男生の閉じこもる国内城の救援に向かわせた。唐軍が高句麗領内に入ると、男生は、国内城はもちろん、自らの支配下にある南蘇、蒼岩《そうがん》など六つの城と十万戸の人民を、唐王朝に献上した。

そして六六七年、男生は自ら長安へ赴き、唐に入朝した。韓国古代史研究家・盧泰敦博士の前掲書の記述によると、長安に入った男生は、高句麗の国内事情を次々と唐王朝に教えて、高句麗攻略の具体案について色々と献策した。そして、その後に展開されていく高句麗征伐において、男生は当然のように侵略軍を先導する役割を果たし、死ぬまで唐王朝に積極的に協力したという。

男生の投降によって、高句麗の北の玄関口が開かれた。それに加えて、高句麗の元の最高権力者である男生自らが、高句麗攻略の先導役まで買って出てくれた。もはや唐王朝に、再度の高句麗征伐をためらう理由は何もない。時は戻るが六六六年十二月、唐の高宗は李《り》勣《せき》を総司令官とする大規模な遠征軍を編成させ、高句麗征伐を命じた。六六七年二月、李勣軍は唐と高句麗の国境にある遼河を渡り、一路平壌へと向かった。

同時に高宗は、新羅にも出兵を命じた。新羅の文武王は、ふたたび金仁問を大将とする軍を派遣し、南方面から高句麗に攻め入った。六六八年、合流した唐軍と新羅軍は、平壌城をふたたび包囲した。

平壌城が絶望的な状況になると、かつて淵蓋蘇文によって立てられた傀儡国王の宝臧王《ほうぞう》が、その生涯一度きりの決断力を発揮して、事態の収拾に乗り出す。彼は淵蓋蘇文の息子の一人である男産に使者を命じて、重臣九十八名を連れて平壌城から出て、連合軍の本陣に降伏を申し入れた。

淵蓋蘇文のもう一人の息子である男建は、それでも籠城を続けて抵抗した。しかし、彼から軍の指揮権を委ねられた僧の信誠が唐・新羅連合軍に内通するに至り、平壌城の城門が信誠によって開けられたのを合図に、唐・新羅軍がいっせいに城内になだれ込んだ。その日をもって、六〇〇年以上の歴史を誇った東アジアの大国・高句麗は滅び、歴史の舞台から姿を消したのである。

唐軍に最終的な勝利をもたらした最大の「功労者・貢献者」は、皮肉にも高句麗の元最高権力者、大対盧だった男生である。内紛に敗れた彼が、領土と領民を献上して降伏したからこそ、唐王朝は長年の宿敵である高句麗を打ち破ることができた。しかし高句麗の立場にしてみれば、あるいは半島の韓民族全体の立場からすれば、この男生こそ、絶対に許することのできない裏切り者であり、本物の売国奴であるはずだ。本章に度々登場してくる盧泰敦博士も、男生の所業を「倫理にもとる反逆」だと評する小見出しをつけた上で、「(三兄弟の)愚かさと卑劣さが歴史の嘲笑の対象となった」と嫌悪感を露わに、激しく批判していたのである。

しかしそれなら、同じ韓民族の一員として、唐王朝の遠征軍を進んで半島に招き入れた金春秋への評価はどうなるのか。外国の侵略軍を民族内の紛争に巻き込んだ点において、金春秋と新羅のやったことは、男生のそれと変わらないのではないか。そもそも、唐王朝軍の力を頼りにして韓国史上初の三国統一戦争が終結したことは、一体どういう意味を持っていたのだろうか。これらについては、本章最後の部分で改めて総括してみるつもりである。

白村江の戦いで梯子を外された大和朝廷軍

半島の三国統一戦争に巻き込まれたのは唐王朝だけではない。もう一つの隣国、日本も同じであった。本節では、日本の歴史上も大きな出来事となった「白村江の戦い」の一部始終を見てみよう。

唐王朝軍を半島に誘い入れたのが新羅であったのにたいし、日本の大和朝廷軍を半島内の戦いに巻き込んだのは、新羅と争っていた百済である。

白村江の戦い（六六三年）のはるか昔から、百済は日本の大和朝廷と緊密な関係にあった。半島が三国鼎立時代に入った当初より、百済は高句麗・新羅と対抗するために、大和朝廷に積極的に接近して、同盟関係を結ぼうとしていたのである。

百済が大和朝廷に初めて交渉を求めてきたのは近肖古王《きんしょうこおう》（在位三四六年〜三七五年）の時代であった。当時、高句麗と激しい攻防戦を展開していた百済は、中国の晋王朝に朝貢を続けながら、日本の大和朝廷にも使者を遣わして、外交関係を結んだ。

三七二年、高句麗と戦っていた近肖古王から、大和朝廷に「七枝刀」という宝刀が贈られた。それは今でも、奈良県天理市の石上《いそのかみ》神宮に保存されているらしい。

三九七年、高句麗との戦いで劣勢に立たされていた百済は、太子の腆支《てんし》（余映《よえい》）を人質として日本に送り、よりいっそう緊密な関係を求めてきた。

それ以来、日本に人質を送ることは、百済の対日外交上の慣例となった。百済が半島内の紛争で形勢不利となった時に、大和朝廷に何らかの支援を求めてくるのも、それ以来の

〝慣例〟となった。その代わりに、百済は中国大陸から伝来した文化や文物、そして五経博士や医博士、採薬師などの人材を次から次に日本へ提供して、対日関係の強化に努めた。

時代を下って六世紀の初め、百済の武寧《ぶねい》王（在位五〇二年〜五二三年）の時代、百済が朝鮮半島最南部の加耶《かや》諸国の覇権をめぐって、新羅と争うことになった時、武寧王は加耶地域に大きな影響力を持つ日本に支援を求めた。大和朝廷の継体天皇から「水軍五百」などの軍事援助を受けた百済は、対新羅戦に勝利して、加耶地域の一部を併合することに成功した。

そして武寧王の後を継いだ聖明王（在位五二三年〜五五四年）の時代、百済は新羅にたいする本格的な攻略戦を実行に移そうとして、大和朝廷の欽明天皇に軍事支援を求めた。それを受け入れた欽明天皇は、「兵一千人、馬百頭、船四十隻」からなる救援軍を半島に派遣したと伝えられている。その見返りとして、百済の聖明王が大和朝廷に仏像と仏経を贈ったようで、これが日本における「仏教公伝」の始まりであるといわれている。

このようにして百済は、建国以来数百年間、大陸伝来の先進文化を日本に伝えることを最大の外交カードにして、大和朝廷と緊密な関係を結び、対高句麗・新羅の覇権争いで優位に立とうとしていた。時には大和朝廷に軍事援助を求めることも珍しくなく、外国勢力を半島内の紛争に巻き込むやり方は、その後の金春秋や新羅のそれと一脈相通じるところがあった。

しかし、紀元六世紀から七世紀にかけて、中国大陸で隋王朝と唐王朝という二つの強大な統一帝国が相次いで出現すると、百済の「日本巻き込み戦略」は効果を失った。中華帝国が半島内の紛争に本格的に介入してくると、国力が比べものにならない日本の存在感は、薄くなる一方となったからだ。そして前述のように、唐帝国が新羅と手を組んで半島に侵攻してきた時点で、百済の運命はすでに決していたといえる。

唐王朝・新羅連合軍の侵攻に直面した危機的な状況で、百済は当然、あらゆる形の軍事支援を日本に求めた。しかしその時点では、どういうわけか、大和朝廷はいっさい動かなかった。おそらく、唐・新羅連合軍の襲来があまりに迅速だったため、大和朝廷には反応する時間も与えられなかったのではないか。物理的な距離を克服する通信手段がなかった時代、海を隔てた日本が正確な情報を得て、半島の急変に反応するのは、どうしても遅れる。

日本が百済救援を決めたのは、結局、百済が滅亡した後のことである。六六〇年七月、泗沘城が唐・新羅連合軍によって陥落させられ、国としての百済は滅びたが、その直後から、旧領内の各地で百済の遺臣たちが蜂起し、百済復興運動を開始した。

蜂起の中心となったのは、百済の王族に連なる鬼室福信《きしつふくしん》という人物だ。彼は任存《にんぞん》城を拠点として勢力を拡大し、あっという間に三万人規模の復興軍を作り上げた。

この年の十月、百済復興軍は使者を日本に遣わして、大和朝廷の援軍を求めた。彼らは、日本からの援軍を得ることで、百済の地から唐・新羅連合軍を追い払い、国を再興しようと考えた。

当時、百済の遺臣たちが日本から援軍を引き出すにあたって、とっておきの切り札があった。百済最後の王・義慈王の王子で、人質として日本に滞在していた**扶余豊璋**《ふよほうしょう》である。彼は百済王子として二十年以上、日本の都で暮らしており、天皇家をはじめ、大和朝廷の政権中枢と密接な関係にあったと考えられる。

そこで百済復興軍は大和朝廷にたいして、復興運動のシンボルとすべく、豊璋王子を半島に送還してもらうよう嘆願すると同時に、

扶余豊璋（百済義慈王の王子。高句麗に逃亡したまま消息不明に）

王子の祖国帰還を護衛する形で、大規模な援軍を送ってもらうことも要請した。

これを受けて、斉明天皇の下で大和朝廷の実権を握っていた中大兄皇子（後の天智天皇）は百済支援を決断し、豊璋王子の送還と援軍の派遣を決めた。翌六六一年九月、中大兄皇子は安曇比羅夫《あづみのひらふ》など数名の将軍が率いる兵五千と軍船百七十隻に豊璋王子を護衛させ、帰国させた。帰国した豊璋王子は鬼室福信らに迎えられ、復興運動の本拠地となった周《しゅう》留《りゅう》城に入城した。豊璋は百済の新しい国王に立てられ、復興の象徴となった。

その時、日本から派遣された五千の援軍も豊璋と共に周留城に入ったと思われるが、その後、大和朝廷はさらに二万七千人の第二次派遣軍と、一万人あまりの第三次派遣軍を続々と朝鮮半島に投入し、本腰を入れて百済復興運動を支援したのである。

日本はこうして、古代史上最大規模の「海外派兵」に踏み切った。しかし百済が健在ならともかく、国家としてすでに滅亡してしまっていたこの段階で、大和朝廷はなぜ、今さらのように援軍派遣を決めたのか。その真意は今なお歴史の謎であるが、おそらく大和朝廷の意思決定の背後には、豊璋王子の存在が大きかったのではないか。

長期間にわたった日本滞在で、豊璋王子は皇室をはじめとする大和朝廷の中枢と親密な関係を結んでいた。彼が母国に迎えられて、復興運動の中心となる話が持ち上がったからこそ、大和朝廷と中大兄皇子は百済の復興を支援する気になったのではないだろうか。実際、豊璋王子を祖国に送り届ける時、中大兄皇子は大和朝廷の高い地位の象徴である織《しょく》冠《かん》（官位）を王子に授け、貴族の多臣蔣敷《おおのおみこもしき》の妹を娶《めあわ》せたことからも、厚遇ぶりと期待の高さがうかがえる。

しかし結果的には、中大兄皇子と大和朝廷の期待を裏切ったのも、この豊璋王子であった。帰国してまもなく、豊璋王子は復興運動の事実上の中心人物であり、自分の帰国の立役者でもあった鬼室福信を「謀反」の罪で殺してしまった。もちろん単なる濡れ衣であろう。「謀反」するくらいなら、鬼室福信は最初から、豊璋王子をわざわざ迎えようとしなかったはずだ。

しかし鬼室福信の殺害によって、百済復興運動はその勢いを大きく削がれた。復興運動の大黒柱であり最大の功労者である福信が内紛で殺害されたことで、復興勢力の団結が一気に崩れたのである。

もちろんそのことは、日本から百済に派遣された援軍にとっても、極めて深刻な事態だった。復興運動を支援しようと、はるばる半島までやって来たのに、肝心の百済側の組織が内輪もめで空中分解してしまったことで、梯子《はしご》を外された格好になったのは日本軍の方である。

それ以降、日本からの軍勢は百済復興勢力からの協力をほとんど得ることができなくなり、異国の地で強大な唐王朝・新羅連合軍と、ほぼ単独で戦うことになった。その結果がすなわち、「白村江の戦い」における大和朝廷軍の完敗と全滅であるが、日本からの軍を半島に誘い込んだ百済復興勢力が分裂した時点で、この敗北はすでに決まっていたといえる。

日本兵の血が白村江を赤く染めていた時、肝心の豊璋王子はどうしていたか。数名の腹心と共に戦場から離脱して、高句麗へと逃げていたのである。

日本という外国の軍勢を自国の戦争に巻き込んでおきながら、いざとなると自分だけ、上手く逃げようとする。それが、豊璋という半島人の卑怯極まりない生存術であった。

韓民族は単なる「侵略の被害者」だったのか

以上、われわれは、白村江の戦いを含め、朝鮮半島史上の三国統一戦争の一部始終を、つぶさに見てきた。

半島史上極めて重要だといわれるこの戦争は、一体どういう性質のものだったのか。これにかんして、本章に何度も登場してきた、韓国古代史研究の第一人者である盧泰敦博士は、その名著である前掲書の最後で、簡潔に総括している。彼曰く「三国統一戦争は、三国間の統合戦争であり、唐の三国侵略戦争であった」。

確かにその通りである。少なくとも韓民族の立場からすれば、三国統一戦争とは確かに、中華帝国による朝鮮半島への侵略戦争であった。唐王朝は侵略軍を派遣して半島国家の百済に攻め入り、滅ぼした。さらに大軍を派遣して高句麗を侵略して滅亡させた。これほど侵略という言葉があてはまる外征の軍事行動はないだろう。

しかし忘れてはいけないのは、まさに本章で繰り返し指摘してきたように、唐帝国の侵略軍を半島に誘い込み、その侵略戦争に最初から最後まで協力し続けたのは、同じ半島国家で同じ韓民族の新羅に他ならない、ということだ。

特に百済侵略のケースはひどいものであった。唐王朝にあったのは高句麗征伐の考えだけで、地元の協力や補給のないまま海を渡って百済に侵攻する発想はなかったのである。それを発案して唐王朝に献策したのは、半島人の金春秋であり、唐の侵略軍を半島に招き入れて百済を滅ぼした張本人は、新羅の国王にもなったこの人物である。

近代韓国の「民族史学」を確立した歴史家の申采浩《しんさいこう》は、一九〇八年に発表した『読史新論』において、新羅による三国統一を評し、「異種を呼び込んで同種を滅ぼすことは、盗賊を引き入れて兄弟を殺すことと同じ」と厳しく批判したが、金春秋と新羅がやったことは、まさにその通りである。ただし、「盗賊を引き入れて兄弟を殺す」というなら、高句麗の大対盧であった男生がやったことも、それにぴったりあてはまるであろう。弟たちとの権力争いに勝つために、男生は何と、唐王朝からの侵略軍を自国に招き入れて、自分の生まれ育った祖国を滅ぼしてしまった。

結局、唐王朝による朝鮮半島侵略を背後から後押しする協力者となったのは、ことごとく、韓民族自身に他ならなかった。隋王朝による高句麗侵略の時も同じことである。百済も新羅も、競い合うように中華皇帝の前にはせ参じて、高句麗への出兵を嘆願し、促したではないか。言ってみれば、誰よりも中華帝国からの侵略を待ち望んでいたのは、半島民族自身であったのである。

現在、韓国人や韓国政府は「わが民族は歴史上、千回以上の侵略を受けて甚大な被害を受けた」と言って、韓民族こそが「侵略の被害者」であると強調する。しかし三国統一戦争の歴史をつぶさに見てくると、そして本書の今後の記述からも明らかになるように、歴史上、韓民族が受けてきた侵略の多くは、彼ら自身がむしろ招き入れた外国軍の介入であり、彼らが「待ち望んでいた」ことなのだ。そんな彼らを、一概に「侵略の被害者」と見なすことができるだろうか。

歴史のそれぞれの局面で検討すれば、確かに韓民族の一部は、外国からの侵略の被害者だといえることもある。たとえば百済滅亡がそうであろう。しかし他方では同時に、外国の侵略から利益を得た人もいた。たとえば金春秋であり、新羅である。新羅という国はまさに、唐王朝の侵略軍の力を借りて三国統一戦争に勝ち抜き、半島史上初の統一国家を作り上げることができたのである。

本章冒頭において、三国の中で軍事的にも経済的にも一番弱かった新羅が、一体どうやって他の二国を滅ぼして統一を果たしたのか、という疑問を提起したが、こうしてみると何のことはない。外国勢力を自分たちの内戦に誘い込んで、上手く利用したことこそ、新羅が勝利を収めることが出来た唯一最大の秘訣であった。

半島史上、実在した最初の国は、中国人亡命者の衛満が作った「衛氏朝鮮」であることは前述したが、同じ半島に出現した最初の統一国家も、結局は、唐王朝の直接介入の下で出来上がったものである。半島の人々は外国人や外国勢力の関与なしには、自分たちの国すら満足に作れないのだろうか。

何よりも、新羅がそうした形で勝利を収め、統一国家となったために、半島国家はそれ以降、大陸の中華帝国に、もはや二度と頭が上がらなくなったことは重要である。中華帝国にひたすら恭順の意を示して「臣下」として生きていく「事大主義」は、新羅の一貫した国策となり、さらに新羅以後も、歴代半島国家の不変の伝統となった。

そういう意味では、前述した韓国人歴史学者の孫晋泰氏が指摘していたように、中華帝国に敢然と立ち向かった高句麗によってではなく、中華帝国の武力を借りた新羅によって、民族と領土の統一がなされたことは、韓民族にとって「民族的にも大きな不幸」だったといえるだろう。だが、この「不幸」は結局、韓民族自身が招いた結果ではないのか。

いずれにせよ、本章で克明に記述した通り、外国勢力を半島内部の紛争に巻き込もうとすること、侵略軍を半島内に誘い込んで便乗することは、三国統一戦争中の、半島の国々に共通する行動パターンであった。

中国の南北朝時代、高句麗と百済は競って北魏の皇帝に使者を送り、互いを陥れるための「告げ口外交」を展開した。隋王朝の皇帝に高句麗への討伐を要請し、そそのかしたのは、同じ半島国家の新羅と百済である。そして新羅に至っては、唐王朝を半島内の紛争に巻き込むための具体的な計画まで立てて、見事に実現してしまった。

他方で、百済は常に、海の向こうの日本を半島内の戦いに巻き込もうとしていた。その努力も空しく、国が滅亡してしまった後、百済の再興を目指す遺臣たちと、日本に滞在している百済の王子がようやく、大和朝廷の援軍を半島に誘い込むことに成功した。しかし、せっかく日本からの支援軍が半島に到着しても、彼ら自身が内部の権力闘争で分裂してしまい、梯子を外された格好の日本軍は完敗、全滅の道をたどった。

つまり、半島の人々が常套手段として使う「外国勢力巻き込み戦略」は、結局、周辺の国々に多大な迷惑をかけることが多いのだ。白村江の戦いで手痛い犠牲を払った日本は、まさにこの「巻き込み戦略」の古代における最大の被害者であったが、新羅や百済にそそのかされて、無謀な高句麗征伐を断行し、国を滅ぼした隋の煬帝も、そういう意味では、半島政治の「被害者」といえなくもない。

百済征伐と高句麗征伐の両方で最終的勝利を収め、中華帝国の面子を保った唐王朝にしても、朝鮮半島での戦争で、面子を保つ以上の利益を得たことはほとんどなかった。唐王朝の遠征は単に、新羅の朝鮮半島統一を助けただけのことである。

中華帝国にしても日本にしても、朝鮮半島と深くかかわると、最終的にはみな火傷してしまうのだ。

いざという時、外国勢力を半島内の無用な紛争に巻き込み、思う存分利用しようとする。そして、相手に多大な犠牲と流血を強いて、迷惑をかけまくる。実はそれこそが、周辺国を火傷させずにおかない、半島民族に一貫した「千年不変」の習性なのである。

第二章

日本侵略の主役となった高麗王朝の生存術

高麗は元寇の「単なる脇役」だったのか

七世紀後半、朝鮮半島の大半が新羅によって統一された経緯は前章に記した。その後九世紀末に、新羅の政治が混乱に陥ると、新羅領内に「後百済」「後高句麗」という二つの国が建国され、朝鮮半島はふたたび分裂の時代に入った。韓国史上でいう「後三国時代」である。

「後三国時代」の乱世に終止符を打ったのは、後高句麗の将軍であった王建という人物だ。彼が政変を起こして権力を握り、国号を高麗と改めた。その後、高麗は新羅を併合し、後百済を滅ぼして朝鮮半島を統一した。紀元九三六年のことである。

同時期の中国大陸では「五代十国」の大乱世が収拾され、九六〇年に宋王朝（北宋）が成立した。宋王朝は中国大陸の大半を統一したものの、現在の中国東北地区（満州）や内モンゴルの一部は、契丹人の作った遼という別の国の支配を受けた。

遼の支配地域はちょうど高麗と国境を接していたから、高麗は建国当初から、遼の南下・拡張政策の圧力にさらされていた。九九三年、遼が大挙して侵攻してくると、高麗は屈して許しを請い、遼に朝貢を行うこととなった。もちろんその一方で、高麗は宋王朝にも朝貢していたから、三国時代以来の伝統である、事大主義の両面外交が続いていたのである。

やがて十一世紀になると、遼の力がますます増大し、高麗は遼の属国となり、遼の年号まで使うようになった。しかし十二世紀前半、同じ満州地域で女真人の作った金という国が台頭し、遼を滅ぼした。すると今度は、高麗は金に服属し、朝貢国となった。

このように、高麗という国は建国以来、中国大陸の政治的変動に翻弄されながらも、その得意とする事大主義で上手に立ち回り、生き残りを図ることに成功していた。遼が強くなれば遼に従い、金が強大化すれば金に服属することで、高麗は何とか生き延びていたのである。

しかし、十二世紀後半から、高麗の国内政治において、重大な変化が起きた。「武臣政権」の成立である。高麗は中国の宋王朝と同じく、もともと文治主義の国であった。つまり、文臣が政権の中枢を握って高い地位につく一方で、武臣（武人）はその「僕《しもべ》」という役割を与えられ、文臣たちによって蔑《ないがし》ろにされることが多かった。

やがて武臣たちの不平不満が高まり、一一七〇年、上将軍の鄭仲夫《ていちゅうふ》が政変を起こす。

彼は国王と太子を廃位させ、自らの息のかかった新しい国王を擁立した。これで武臣たちが一気に政権の中枢を掌握し、高麗史上でいうところの「武臣政権時代」が始まったのである。

一一九六年になると、武臣の崔忠献《さいちゅうけん》がふたたび政変を起こし、独裁政権を樹立した。それから約六十年間、崔氏一族による政治支配が四代にわたって続いた。そして、この崔氏政権の時代に、モンゴル帝国の高麗侵攻が始まった。朝鮮半島と日本と中国を巻き込む「東アジア戦乱」の時代の幕が切って落とされたのである。

モンゴル帝国が、高麗の宗主国である金を滅ぼしたのは一二三四年のことであるが、その前の一二一八年の段階で、すでにモンゴルと高麗とは接触していた。当時、金に属していた契丹族の一部が、モンゴル軍との戦いに敗れ、高麗領内に流れてきて、高麗の江東城を占拠した。それを追討してきたモンゴル軍に高麗軍が加勢して、籠城した契丹人を攻め滅ぼしたのである。

これが、モンゴル軍が高麗領内に入った最初の記録である。二年後の一二二〇年から、ますます強大になるモンゴル帝国にたいし、高麗は朝貢を始めた。宗主国の金がいまだ健在であったのに、高麗はいち早く、モンゴル帝国への乗り換えを決めたのである。事大主義の半島国家は、そういう時こそ機を見るに敏であった。

しかし高麗にとって不幸なことに、しばらくすると不測の事態が起きた。高麗王朝からの朝貢品を受け取りに来たモンゴル使節の一行が、帰国途中で何者かに襲われ、大半が殺されてしまったのだ。事件が起きたのは高麗領内であったため、結果的にこれが、モンゴルの高麗侵攻の口実にされたのである。

一二三一年、使節殺害の責任を問う大義名分を掲げ、モンゴル軍が高麗に侵入すると、あっという間に首都の開京（現在の開城）を落とした。崔氏政権の高麗は、開京に近い江華島という離島に、国王と政権中枢を移して抗戦を続けたが、それでも高麗全土がモンゴル軍によって蹂躙され、多くの地域で甚大な被害を受けた。

その後、高麗とモンゴル帝国との間では、時に高麗が降伏の姿勢を示して和睦したり、時には互いに反目して戦争となる状況が長く続いた。その間、モンゴル帝国軍は高麗にたいして、計六回にもわたる軍事的侵攻を行った。

やがて一二五九年、主戦派であった崔氏の武臣政権が、文臣たちによる政変で倒されると、高麗は太子を人質としてモンゴルに差し出し、全面降伏した。三十年近くも続いたモンゴルと高麗の戦争は、これでやっと終わったが、その代わりに、高麗はモンゴル帝国による世界支配の秩序に組み込まれて、帝国の属国の一つとなった。

ここまでの歴史についていえば、高麗は確かに一方的な被害者だったといえよう。モンゴル帝国によって国土を蹂躙《じゅうりん》され、国民は戦火に巻き込まれ、大きな被害を受けたのは事実である。問題はむしろ、本章のテーマとなる日本への侵略戦争（元寇襲来）において、高麗は一体、どのような役割を果たしたのかである。

モンゴル帝国は一二七四年（文永の役）と一二八一年（弘安の役）の二度にわたって、日本にたいする大規模な軍事侵攻作戦を断行した。その時、日本征伐の軍事基地・補給基地として使われたのが、この高麗という国であり、高麗軍が遠征軍の一翼を担ったのも周知の事実である。しかも、日本侵攻で使われた大量の軍船の大半も、高麗国内で、高麗人によって建造されていた。

いわゆる「元寇」は、実質的には「元・高麗連合軍」が襲来したのである。高麗による全面的な人的・物的協力なしには、騎馬民族のモンゴル人が海を渡って、日本を侵略することなど、できるはずがなかったのだ。

だとすれば、高麗王朝は、元寇という日本侵略戦争の結果にたいして、何らかの「共同責任」を負うべきではないのか。しかし、今の韓国の歴史教科書は、高麗はモンゴル帝国

十三世紀の元朝と高麗・日本

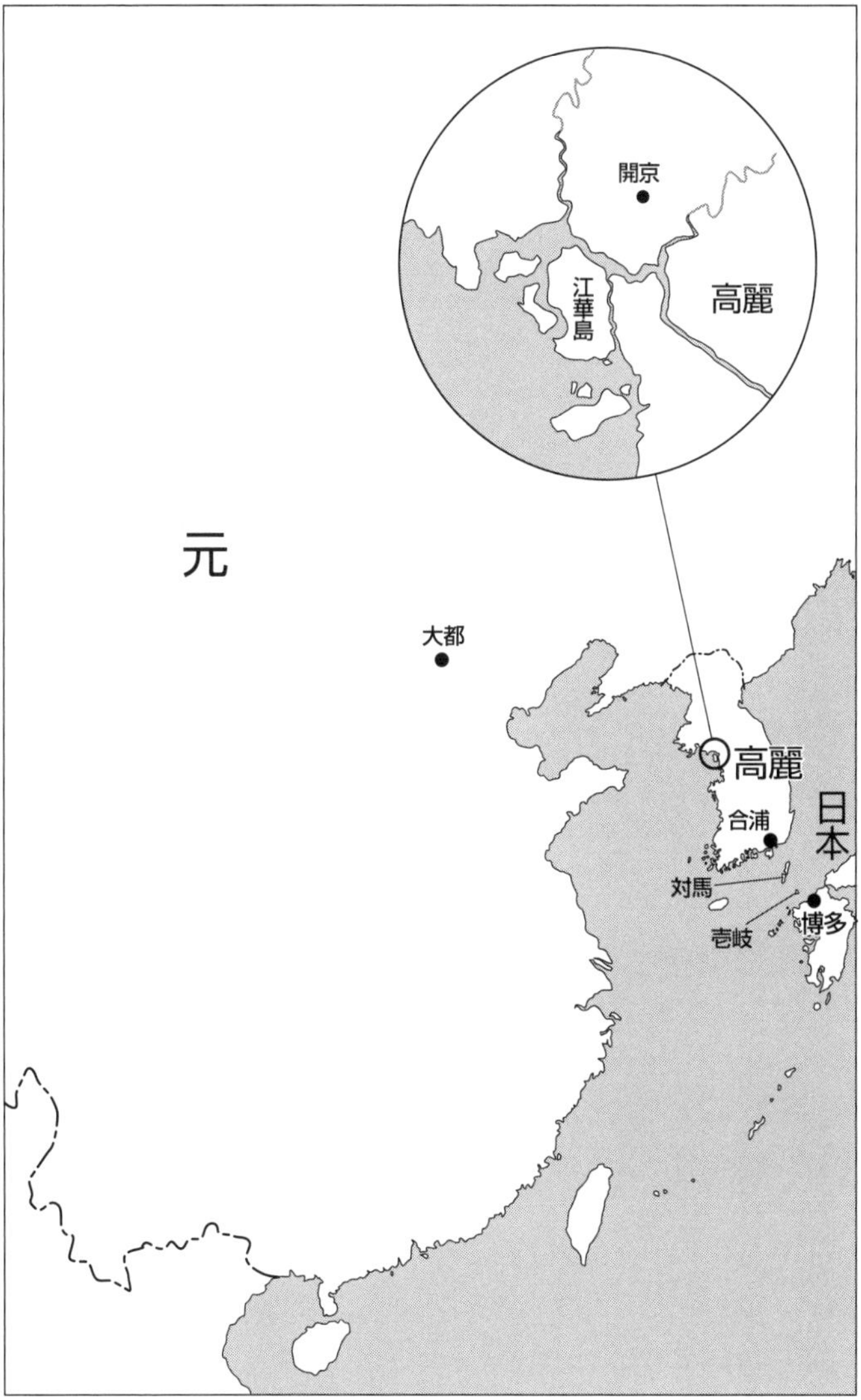

に脅迫されたために、やむを得ずその侵略戦争に協力しただけだと書いている。それどころか高麗も、韓民族自身も「蒙古襲来」の被害者であると言い張っているのである。

果たして本当だろうか。元の日本侵略において、高麗は単に脅迫され、協力させられただけなのか。それとも、むしろ積極的にモンゴル帝国に協力して、「脅迫された」以上の主導的な役割を果たしていたのか。

もし後者である場合、高麗はモンゴル帝国と同罪の侵略者となってしまうのだが、真実は一体どうだったのであろうか?

本章はこの視点から、元寇という日本侵略に高麗王朝が果たした役割に絞って、追究していきたい。あくまでも史実に基づいて、高麗は本当に被害者だったのか、それとも日本侵略の共犯者だったのかを、きちんと吟味していきたいのである。

その際、本章の主な参考資料として使うのは、いずれも専門家として信頼のおける、日本の学者の四冊の歴史書である。

片野次雄『蒙古襲来のコリア史』(彩流社)

一冊目は著名な東洋史家であり、東京都立大学名誉教授の故・旗《はた》田《だ》巍《たかし》氏の著した『元寇　蒙古帝国の内部事情』（一九六五年、中公新書）である。二冊目は同じ東洋史家で、仏教大学教授の故・山口修氏の『蒙古襲来　元寇の史実の解明』（一九八八年、光風社選書）。三冊目は、大韓民国政府から感謝状を授与されたこともある、在野の韓国史研究者、片野次雄氏の『蒙古襲来のコリア史』（二〇一三年、彩流社）。そして最後の一冊は、東京大学大学院博士課程を修了し、現在は九州大学大学院准教授を務める新進の史学者、森平雅彦氏の『モンゴル帝国の覇権と朝鮮半島』（二〇一一年、山川出版社）である。以下、この四冊の著書を「旗田巍著・前掲書」、「山口修著・前掲書」、「片野次雄著・前掲書」、「森平雅彦著・前掲書」と表記する。

　これら定評のある本格的歴史書の記述に依拠しつつ、それ以外の関連文献をも参考にしながら、モンゴル帝国の日本侵略において、半島国家の高麗が一体どのような役割を果たしたかを考察していこう。

森平雅彦『モンゴル帝国の覇権と朝鮮半島』（山川出版社）

自ら進んでモンゴルの「忠僕」となった高麗王朝

モンゴル帝国（元朝）の日本侵攻と高麗との関連性について、旗田巍氏は前掲書の中でこう述べている。

「元の日本遠征は、高麗を基地にして行われた。第二次遠征では中国の江南も基地になったが、そのときにも高麗は重要な軍事基地であった。その後、元はなんども日本遠征を計画したが、どの場合にも高麗は遠征の基地であり、高麗の基地なしには、日本遠征は実行されず、計画もできなかった。

しかし蒙古が高麗を基地として使うためには、高麗が元に屈服していなければならない。高麗が反抗している限り、とても基地にはならない。また高麗が抗戦しているあいだは、日本遠征など、夢想はできても実際的計画にはなりえない」

以上は旗田教授の説であるが、まさしくその通りであると思う。確かに、大陸からやってくるモンゴル帝国の侵攻に、高麗が抵抗をやめて屈服したことが、高麗を基地とする日本遠征の前提条件となったのであろう。兵站・軍事基地としての高麗の協力なくして、モンゴル帝国の日本遠征など実現できるはずがない。これが客観的事実である。

しかしそうであるならば、高麗は、どのようにモンゴル帝国に屈服して、その協力者になっていったのか。この問題が当然、われわれの関心事とならざるを得ない。高麗がモンゴルにたいして、初期の徹底抗戦から後期の全面降伏へと転換していく、このプロセスの中にこそ、日本が元・高麗連合軍の侵略を受けるに至る、歴史的契機が胚胎《はいたい》していたからである。

それでは、高麗はどのように、モンゴル帝国への全面屈服の道を歩んでいったのか。その詳細を見てみよう。

モンゴル軍が朝鮮半島に侵攻してきた当初、高麗は死力を尽くして戦った。当時、モンゴルにたいする徹底抗戦を強く主張し、実行に移したのは高麗の武臣政権、とりわけ武臣代表として政権を握っていた崔氏一族であった。

一二三一年の第一次侵攻により、高麗の首都である開京が陥落してしまうと、さしもの武臣政権も、一時的な便宜としてモンゴルに講和を求め、モンゴルから出された「一万枚の毛皮、二万頭の馬を貢ぐ」などの講和条件をそのまま受け入れた。しかしモンゴルの主力軍が撤退した翌年の一二三二年、崔氏一門の二代目当主として政権を担当（執政）していた崔瑀《さいう》は、モンゴル軍が高麗監視のために残したダルガチ（統治官）を皆殺しにして、国王と行政機構を、漢江《かんこう》の河口に近い離島・江華島に移した。崔氏政権は島全体を要塞化して態勢を立て直し、持久戦の覚悟で徹底抗戦の構えをとったのである。

それ以降、崔氏政権の下の高麗は、モンゴルにたいして時に講和を求めながらも、全面降伏にはけっして応じない姿勢を貫いた。その結果、モンゴル軍の五回にもわたる再侵攻に、何とか耐えぬいたのだ。

転機が訪れたのは一二五八年、江華島の高麗王朝でクーデターが起きたことである。モンゴルへの徹底抗戦に反対し、降伏を主張する文臣グループが、中級武臣の金俊《きんしゅん》と結託して政変を起こしたのだ。彼らは崔氏一族の主帥である崔竩《さいぎ》を暗殺し、崔氏一族の勢力を政権から一掃した。

国王の高宗（在位一二一三年〜一二五九年）は政変の実行者たちに担がれて、即位後初の「親政」に臨んだが、高宗の基本政策は当然、政変派の考えに忠実に従い、全面降伏を進めることであった。

その時、モンゴルが高麗王朝に出した主な降伏条件は、高麗国王が抗戦の拠点である江華島を放棄して開京に還都することと、高麗の太子を人質としてモンゴル帝国に入朝させることの二点であった。政変の年の末、高麗王朝は政変に参加した軍人の朴希実《ぼくきじつ》をモンゴル帝国に派遣して、上記の二条件を受け入れ、全面降伏することを告げた。

東京大学名誉教授の歴史学者、村井章介氏の『中世日本の内と外』（一九九九年、筑摩書房）の記述によると、崔氏滅亡に際してモンゴル帝国に送った高宗の国書では「本国が貴国にこれまで事大の誠を尽くせなかった理由は、権臣が政治をわがものとし、貴国への内属を好まなかったゆえであります。崔竩はすでに死にましたので、ただちに島を出て都を開京に戻し、貴国の命を聞きたく存じます」と書いているという。

つまり高宗は、今まで服従しなかった「責任」を、クーデターで殺害された崔竩一人に被せた上で、モンゴル帝国への全面降伏を宣言した。責任を一人の臣下に負わせて、自らの生き残りを図る高麗王朝の「生存術」は、実に見事なものである。

翌一二五九年四月、高麗太子である倎《てん》（のちの元宗）は約束通り、

太子倎（のちの第二十四代高麗王・元宗）

モンゴル入朝の旅に出た。旗田巍著・前掲書によると、モンゴル帝国の東京《とうけい》（現在の遼陽）に到着した太子倎は、高麗征伐のモンゴル軍主帥であるヨシュダルが、ふたたび高麗出兵を計画していることを知り、ヨシュダルに泣きついて出兵の取りやめを嘆願したという。

しかしヨシュダルは出兵を取りやめる条件として、高麗がまず抵抗の拠点である江華島の城郭を取り壊すことを要求し、そのように命ずる使者を高麗に遣わした。その時、国王の高宗はすでに重病の身となっており、モンゴル将軍の命令に抗することも出来ず、やむなく城郭の破壊を命じた。城が崩れる音が雷鳴のように響く様子を「城郭摧《さい》折《せつ》の声、疾雷《しつらい》の如く、閭里《りょり》（村落）を震動す。街童・巷婦《こうふ》、皆これが為に悲泣す」と『高麗史』が記述しているという。

同年中に、高宗はとうとう病死してしまったが、太子の倎はそれを知らずにモンゴル入朝の旅を続けた。さらに同じ年、モンゴル帝国皇帝の憲宗も、中国の宋王朝（南宋）征伐の陣中で病死した。倎はとうとう憲宗に謁見できなかったが、憲宗の弟の**フビライ**に会うことが出来た。

周知のように、このフビライこそ、憲宗の後を継いだモンゴル帝国の偉大なる皇帝であり、日本への侵略戦争の発動者でもある。フビライと太子倎との出会いはまた、元寇・高麗連合軍による日本侵攻への道を開いた、一大歴史的契機となったのである。

当時、憲宗死後の皇位をめぐって、フビライは他の兄弟と争っている最中であり、属国の高麗の太子が来朝し、自分に謁見してきたことは、フビライにとって非常に喜ばしいことだった。中華帝国の伝統において、朝貢国からの来朝を受け入れることは、まさに「天命」を与えられた本物の「天子＝皇帝」になる証だからだ。

フビライは太子倎に褒美を与えて、モンゴル帝国の重要拠点である開平府《かいへいふ》にも連れて行ったが、太子の父親である高宗が死去したと聞くと、フビライはさっそく護衛を付けて、太子倎を高麗に送り届けた。まもなくモンゴル帝国の皇帝に即位したフビライは、自らの抱く遠大なる世界征服戦略のために、太子倎に恩を着せて懐柔する策に出た。高麗を忠実な属国・協力者として取り込もうとしたのである。

一二五九年、太子倎は帰国し、高麗の新しい国王に即位した。元

フビライ（モンゴル帝国第五代皇帝、のち国号を「大元」とする）

宗（在位一二五九年〜一二七四年）の誕生である。同時期に、モンゴルでもフビライが皇位についたから、いわば「フビライ―元宗ライン」の成立によって、モンゴル帝国と高麗との関係は、新しい段階に入ったといえる。すなわちそれを契機に、モンゴル帝国と高麗は、それまでの侵略国と被侵略国という関係から、宗主国と属国の親密な連合関係へと転換していったのである。

この転換について、旗田巍著・前掲書はこう論じている。

「同じ時期に両国の支配者が交替したのを転機にして、両国の関係は新しい段階にはいっていく。これ以降蒙古は、高麗国王を手なずけて高麗における親蒙古勢力の拡大と反蒙古勢力の排除につとめる。一方、高麗国王は蒙古の力をかりて王権の回復、拡張につとめる。それは高麗王朝が蒙古陣営の一翼に編入される過程である」

旗田氏が指摘する「新しい段階」のモンゴル・高麗関係は、俗にいう「持ちつ持たれつ」の関係であろうが、後述するように、この親密な「腐れ縁」ともいえる関係から、日本侵略という「共同事業」が生まれたのであり、これほどまでに高麗が「蒙古陣営の一翼」としての役割を見事に担った事例は、元寇以外には見あたらない。

元宗が即位したその日から、モンゴル帝国と高麗との蜜月関係が始まった。世祖フビライはさっそく元宗に詔書を与えて、モンゴル軍の高麗からの撤退を正式に表明すると同時に、高麗にたいしては今後「一視同仁」の態度で臨むとも述べた。

それにたいし、高麗の元宗は国書を返して直ちに感謝の意をささげ、「恩霊の汪洋《おうよう》たること、寤寐《ごび》に感悦す。慈母の季子《すえのこ》に憐れみを鍾《あつ》むるといえども、これに過ぐること何ぞ能《よ》くせん。小臣よりひいては後孫に及ぶまで、死を以て報と為さん」（ありがたい御心の広大なことは、寝ても醒めてもうれしく感じております。慈母の末子への愛も、これには及ばないでしょう。私はもちろん子々孫々にいたるまで、命に代えてもこれに報いましょう）と述べた。

この文句は、いわば属国から宗主国の君主に捧げる定番という側面もあるが、モンゴル帝国から受けた「恩」を「慈母」のそれに比したところは、さすが韓民族らしい、独特の表現である。そして「小臣」、すなわち元宗自身が「死を以て報いる」と誓ったから、フビライから日本侵略への軍事的協力を頼まれたら、これで高麗の国王と王朝は当然、拒否できなくなったわけである。

「小臣」元宗からのこの上表にたいし、世祖フビライからの詔書がふたたび来た。フビライは、モンゴル軍の撤退を再約束すると同時に、高麗は蒙古に従って衣服制度などを変えることなく、自国の伝統・風俗をそのまま保持してよいと、寛大な態度を示した。

片野次雄氏の前掲書の記述によると、世祖フビライからのこの詔書を受け取った時、元宗はひとり自室にこもって、感涙にむせんだという。この描写は片野氏自身の想像に基づく部分もあろうが、とにかくその日から、元宗の高麗王朝は、モンゴル帝国の忠実な僕となった。

自国への蒙古軍出動を要請した高麗国王

元宗がまず着手しなければならなかった一大政治課題は、モンゴル帝国に約束した江華島からの再遷都、すなわち開京への帰還である。世祖フビライが強く求めている以上、迅速に実行する必要があった。

しかし高麗王朝の中では、それに抵抗する勢力があった。先代の高宗の治世、文臣グループが中級武臣の金俊と手を組んで、崔氏一族を一掃したことは前述したが、それ以来、王朝の中で勢力を拡大して台頭したのは、やはり武人の金俊であった。この金俊と、傘下の武臣グループが、江華島からの遷都に強く反対したのである。

金俊以下の武臣たちの考えは、実に簡単だった。王朝の政治中枢が抗戦拠点である江華島に閉じこもって戦時体制を取っているからこそ、彼ら武臣たちの存在感や重みが増して、実権を掌握できているが、遷都して開京に戻れば、高麗王朝は再度、文臣たちの天下になってしまうのではないかと心配したのである。

しかし元宗にしてみれば、金俊たちの抵抗はたいへんな迷惑であったろう。フビライへの約束を果たせなくなったら、せっかく築き上げた宗主国との信頼関係が一気に崩れてしまうからだ。当然、金俊一派の排除が、元宗にとって唯一の選択肢となった。

その時、元宗が目をつけたのは林衍《りんえん》という軍人である。彼はもともと金俊の部下の一人であり、崔氏一族を倒した時、大いに活躍した功労で出世した。いつの間にか枢密副使(軍を統括する次官)にまで上り詰めた林衍は、さらに高い地位につこうとして、金俊とも対立するようになった。

そこで元宗は、林衍を味方につけて、金俊の排除を命じた。一二六八年、林衍は金俊の不意を狙って襲撃、殺害すると、金俊の弟子と一族をことごとく殺した。

金俊に取って代わって権力を握った林衍は、金俊よりいっそう横暴にふるまい、元宗の王権を脅かす存在になった。そこで元宗は林衍も排除しようと謀《はか》るようになったが、それを察知した林衍は、先手を打った。一二六九年六月、彼は元宗の隙を狙ってクーデターを起こすと、国王を幽閉した上で、王弟の安慶公を新しい国王に立てた。一臣下の身でありながら、国王の廃立を公然と行ったのである。そうして王朝の全権を握った林衍は、宗主国のモンゴルに言い訳をするため、さっそく使者を遣わして、元宗が病気のために王位を弟に譲ったと報告し、ごまかそうとした。

しかし旗田著・前掲書によると、林衍にとって、大きな誤算となったのは、廃立事件の二カ月前、元宗の世子（跡継ぎ）である**諶**《しん》がモンゴル帝国に入朝していたことであった。政変からひと月後の同年七月、帰国の途についた世子諶は、高麗との国境付近で真相を知った。そこで彼のとった行動は、実に迅速であった。世子諶は帰国を中止すると、直ちに引き返して、モンゴルの首都である燕京《えんきょう》（現在の北京）に向かった。彼は燕京に到着するとすぐに、世祖フビライに会い、政変の真相を報告した。そしてその場で、元宗を助けるために、モンゴル帝国に出兵を要請したのである。

今まで、モンゴル軍の侵攻にさんざん痛めつけられてきた高麗で

世子諶（のちの第二十五代
高麗王・忠烈王）

あったが、ここでいよいよ、王朝の世子が自ら進んで、モンゴル軍に自国への出兵を頼み込むまでに変化したのである。それは、元宗即位以来のモンゴル・高麗関係の大きな変化を象徴する一場面であると同時に、本書の第一章で確認した通り、自国の内紛に外国勢力を巻き込み、侵略軍を進んで招き入れるのは、そもそも半島民族の不変の伝統であることを証明する出来事だ。

世子諶からの出兵要請を聞いた世祖フビライは、さっそく遼東の軍兵三千に動員の命令を下した。同時に、高麗に使者を遣わして詔書を届けさせた。詔書の内容は、宗主国モンゴルの同意なしに、勝手に国王の廃立を行った林衍の不法を責め立てる一方、元宗の王位回復を強く求めるものだった。

それでも林衍は、元宗が病気になったから王位を弟に譲ったと言い張って、抵抗を試みたが、業を煮やしたフビライは、軍を高麗国境付近に待機させた上で、従わなければ直ちに侵攻するぞと脅した。

結局、林衍はモンゴルの軍事的圧力に屈して、元宗を復位させ、国王廃立劇は一件落着となったが、フビライはこれで、元宗と高麗王朝にさらに大きな「恩」を着せることができた。元宗と高麗王朝はよりいっそう、フビライのために働かなければならない立場に立たされたのである。

フビライのおかげで復位できても、元宗は安心できなかった。彼を王位から追放した権臣の林衍が、依然として健在だったからである。元宗としては、林衍を何とかして排除しない限り、王室の安泰は保証されない。そこで元宗は世子諶と共に、自らモンゴルに入朝した。

世祖フビライに謁見した元宗は、林衍の罪を糾弾すると同時に、フビライにたいして二つの「お願い」を上奏した。

一つは、高麗の世子である諶にモンゴル帝国の皇女を降嫁して頂くこと。もう一つは、モンゴル軍の力で権臣の林衍を倒して、高麗の都を開京に戻すことだ。

一つ目の要請の狙いは、高麗王室とモンゴル皇室を婚姻関係で結ぶことによって、宗主国との一体化を図ることであり、ある意味で自然な要請でもあったが、二番目の「お願い」は実に驚くべきものだ。一国の国王が、宗主国である外国の軍隊を頼りにして、自らの臣下を始末したいと言い出したのである。

高麗国王が、自国へのモンゴル軍の出兵を要請したのはこれが初めてであったが、換言すれば、一国の主権者である国王がわざわざ外国に出かけていって、その外国の軍隊に、自国を守ろうと立てこもっている国内勢力を駆逐し、侵略を完成してくれるよう「お願い」したわけである。それはおそらく、世界史上でもまれに見る大珍事であろうが、高麗の国王は自分の地位を安泰にするために、いとも簡単にやってのけた。

もちろん、元宗のこうした頼みごとは、世祖フビライの思うつぼでもあった。片野次雄氏が前掲書の中で、その場面を想像して、「元宗のこの訴えを聞いたとき、フビライは肚《はら》のなかで笑い声をたてた」と描写しているが、実際、その通りではなかったかと思われる。

元宗が帰国の途についた時、彼を護送する形で、モンゴルの大軍が一緒についてきた。もちろん今回のモンゴル軍の高麗入りは、もはや一方的な侵略ではない。彼らは外国軍ではあるが、高麗国王の要請に応じて、高麗国王と共に、高麗の領土に堂々と入ってきたわけである。

こうして蒙古軍と高麗軍は友軍となった

モンゴル軍を連れて帰国した元宗はもはや、抗戦の拠点である江華島に戻るつもりはなかった。彼は一路、高麗の旧都である開京に入城し、モンゴルとの約束である旧都帰還を果たしたのである。

それと同時に、元宗は江華島に残っている臣下たちと政府機関にたいして、江華島を放棄して開京に戻れ、との命令を下した。しかもその際、元宗はモンゴル軍の「虎の威」を借りて「もし命をこばむ者あれば、ただ其の身のみならず、妻子に至るまで、ことごとく俘虜とならん」と、江華島の人々を脅迫したという（山口修著・前掲書）。一国の君主が、こうして自国の臣民を脅迫するのも世界史上の珍事であろうが、朝鮮半島ではそれが現実に起きたのである。

ちょうどその頃、江華島では権臣の林衍が急死しており（一二七〇年）、代わって実権を握ったのが「三別抄《さんべつしょう》」という名の私兵軍団である。三別抄はもともと、高麗王朝が江華島に移った後、武臣政権の崔氏一族が江華島を防衛するために作った私兵部隊であるが、崔氏が政権から一掃された後も存続し、島を防備する主力部隊となっていた。そして、高麗国内における反モンゴル勢力の中心ともなっていたのである。

林衍が死去すると、三別抄は江華島における林衍勢力を追放した一方で、モンゴルに全面降伏した元宗とも袂《たもと》を分かち、元宗が出した「江華島を出ろ」との命令を拒否した。これに激怒した元宗は、三別抄に解散命令を下したが、それも拒否した三別抄は、事実上、高麗王朝に反旗を翻すこととなった。彼らはまず、江華島にあった政府の武器庫を襲って武器を奪い、完全武装すると、次に高麗王族の一人を担ぎ出して新しい国王につけ、自前の政府を作ったのである。一二七〇年五月のことであった。

これにより高麗国内では、開京にある元宗の王朝と、江華島にある「三別抄新政府」との、二つの勢力が並立することとなった。すなわち、親モンゴルの元宗政府と、反モンゴルの三別抄政府である。この事態にたいして、元宗はさっそく、自分が連れてきたモンゴル軍に、躊躇《ためら》うことなく三別抄の鎮圧を要請した。高麗の政府軍にも出動を命じ、いわば連合軍を組んで、三別抄の拠点である江華島に向かわせた。

江華島がそれまで抗戦拠点となり得ていたのは、騎馬民族のモンゴル軍が海戦に不慣れであったために、島をとりまく海自体が天然の防衛線として機能したからだ。しかし自国の高麗政府軍がモンゴル軍と一緒に攻め立てたことで「海の防衛線」はもはや難攻不落ではなくなってしまった。翌六月、劣勢に立たされた三別抄は一千隻に上る大船団を組んで脱出し、朝鮮半島西南地方の近海にある珍島に拠点を移した。

しかし翌一二七一年、モンゴル・高麗連合軍の猛攻撃によって、珍島の拠点も攻め落とされた。三別抄の残党は最後の拠点として耽羅（済州島）に逃げ込んだが、一二七三年、連合軍が耽羅に攻め入ると、三別抄はついに全滅してしまった。

こうして、国内における最後の反モンゴル勢力が一掃された高麗は、名実ともにモンゴル帝国の完全な属国となった。しかも、三別抄鎮圧作戦において、モンゴル軍と高麗軍は、それまでの侵略軍と反侵略軍という関係から一転して、肩を並べて共に戦う、正真正銘の友軍になったのである。

三別抄が滅ぼされた直後、高麗王朝は使者をモンゴル帝国に送り、モンゴル軍が三別抄を討伐してくれたことに感謝の意を表した。外国の侵略軍が自国の「愛国軍」を掃討したことにたいして、国王が「感謝」するとは、これもまた世界史上の一大珍事、「歴史の不思議」の一つに数えられるであろうが、高麗王朝はさらに、世子諶を人質としてモンゴルに送り、同時に貴族子弟二十名、職員百名を、モンゴル帝国の宮廷に送った。

これで高麗王朝とモンゴルとの関係は、もはや盤石となった。まさにその時から、高麗という属国と宗主国モンゴルとの緊密な連携の下、モンゴル軍と高麗軍の「友軍連合」による日本侵略プロジェクトが、実質的に動き出したのである。

日本遠征の時機がついに熟した

高麗を忠実な属国として取り込んでいく中で、朝鮮半島の海の向こうの日本が、次の目標として次第に、世祖フビライの視野に入ってきた。世祖が抱く世界征服の国際戦略において、東方の日本も、いずれターゲットとなるのは自然の成り行きであったが、実は、フビライに日本にかんするさまざまな情報を提供し、関心を高めるにあたって、一人の高麗人が大きな役割を果たしていたのだ。

旗田巍・山口修・片野次雄の三氏の前掲書の記述によると、これは慶尚南道咸安《かんあん》出身の趙《ちょう》彝《い》という人物で、科挙試験の進士に合格した秀才である。モンゴル軍が高麗に侵攻してきた時、趙彝はそれにつき従ってモンゴルへ行くと、世祖フビライの知遇を得て、その側に仕えることになった。

彼の出身地の咸安は、日本への玄関口となる合浦《がっぽ》（馬山）や釜山に近いから、趙彝は日本の内政事情についてかなり正確な知識と豊富な見聞を持っていた。まさにこの高麗人を通じて、世祖フビライは帝都に居ながらにして日本の国内情勢を知ることができ、強い関心を抱くようになったのである。

当時、モンゴル帝国は中国の南宋を攻略している最中であったが、趙彝から仕入れた知識によって、世祖は日本が南宋と親しく往来していることを知った。南宋を孤立させるためにも、日本のことを放っておけなくなったのである。

こうして一二六六年、世祖フビライから派遣された二人の使者が、高麗国王の元宗のもとにやって来た。兵部侍郎《へいほうじろう》（国防次官）の黒的《こくてき》と、礼部侍郎《れいほうじろう》（外務次官）の殷弘《いんこう》である。高い地位にあるこの二人の使者は、世祖フビライの二通の詔書をたずさえて来たのだった。

一通は元宗への詔書で、もう一通は「日本国王」宛のものであった。高麗王・元宗への詔書の内容は以下である。

「いま爾《なんじ》の国人趙彝来たり告ぐ。『日本は爾が国と近隣たり。典章（規則・制度）、政治は嘉《よみ》するに足るものあり。漢、唐より下りて、また或は使を中国に通ず』と。故にいま黒的らを遣わして日本に往かしめ、ともに和を通ぜんと欲す。卿それ去使を道達し、以て彼の疆《きょう》（境）にいたり、東方を開悟し、風に向い義を慕わしめよ。この事の関は卿よろしく之に任ずべし」

つまりフビライは、黒的ら二人の使者を日本に派遣して、交渉を求めたい旨を伝えた上で、この二人の使者を日本に案内する任務を元宗に命じたのだ。詔書は開口一番、「爾の国人趙彝来たり告ぐ」とあることからも、フビライの日本にかんする認識はやはり、高麗人の趙彝が吹き込んだ部分が大きかったことが分かる。

詔書を受け取った高麗王朝はさっそく、道案内の使者として枢密院副使（参謀本部次長）の宋君斐《そうくんひ》らを選定し、日本への渡航を試みた。宋君斐らは元の二人の使者を案内して南下し、合浦を経由して、まず釜山沖の巨済島《きょさいとう》に入った。一行はここから対馬海峡を渡って日本を目指す予定だったが、モンゴルの使者は玄界灘の波風の凄まじさを目のあたりにして、渡海の危険性を恐れ、巨済島から引き返してしまったという。

実はこの裏では、高麗の宰相である李蔵用《りぞうよう》が、事前にモンゴルの使者に手紙を送り、渡海の危険性や日本に交渉を求める無意味を説いて、彼らに渡航を思い止まらせようと運動した結果であるらしい。とにかくフビライに派遣された一回目の使者たちは、日本に詔書を届けることなく、モンゴルに帰った。

それを承知しないフビライは、今度は高麗単独で、モンゴルの名代として日本と交渉するよう命じた。高麗はその命に従い、起居舎人《ききょしゃじん》（国王の侍衛《じえい》）潘阜《はんふ》を使者として日本に向かわせた。潘阜は首尾よく日本に渡って大宰府に入り、モンゴル帝国と高麗の両方の国書を、大宰府を通じて鎌倉幕府に届けさせた。

国書は幕府から京都に転送され、京都の朝廷で評定を受けた。朝廷は最終的に、それを受理しない、返事もしないとの決定を下した。潘阜はそのまま本国に帰って復命し、高麗はこの結果をそのまま、世祖フビライに報告した。

これに怒ったフビライは、高麗の怠慢を責め立てた。同時に「南宋あるいは日本討伐のため」と称して、高麗に兵一万人の徴集と一千隻の兵船建造を命じた。おそらくその時から、フビライは日本征伐を真剣に考え始めたのではないか。

一方でフビライは、引き続き高麗を通じて日本への使者派遣を続けた。一二六八年秋には前述の黒的・殷弘の二名が再度高麗に来て、日本へ向かおうとしたが、今度は、二人は海を渡って対馬に上陸したものの、九州まで渡ることは出来なかった。そして翌年の七月、第四回目のモンゴルの使者が、高麗使節と共に対馬に渡り、国書を大宰府に届けさせたが、今度も日本からの返事はいっさいなく、彼らはやむなく引き返した。

こうした中で、モンゴル帝国は日本侵攻の準備にとりかかった。一二七〇年、世祖フビライが高麗に「屯田経略司《とんでんけいりゃくし》」の設置を命じたのはその準備の一環である。屯田軍を高麗の地に長期的に駐在させることによって、高麗を日本侵攻の軍事基地にしていくのが狙いであった。

それでもモンゴル帝国は、日本への国使派遣を諦めなかった。一二七一年の初め、フビライは女真人出身の高官である趙良弼《ちょうりょうひつ》を「最終の切り札」として日本への国使に任命し、高麗に向かわせた。同時に、モンゴル屯田軍の高麗駐屯が始まり、高麗が建造した戦艦を、黄海に面して日本への航路の拠点となる金州（大連北東の城塞都市）の港へ集結させるよう命じた。フビライは戦う姿勢を明確に示すことによって、日本への外交圧力を強めようとしたのである。

ちなみに、同じ一二七一年、フビライはモンゴル帝国の国号を中国風の「元」と改めたから、彼はこれより、中国史上における元朝の初代皇帝となった。

さて「遣日使」に任命された趙良弼は一二七一年九月と一二七二年五月前後の二回にわたって日本に渡航し、大宰府に入った。二度目には、彼は大宰府に一年以上も滞在して、日本の朝廷・幕府との直接交渉を粘り強く求めたが、日本側からよい返事をもらうことは、ついに出来なかった。

趙良弼が元朝の大都（現在の北京）に戻ってフビライに復命したのは、一二七三年五月のことである。ちょうどその頃、三別抄の最後の拠点である耽羅が陥落し、高麗における反モンゴル勢力はほぼ一掃された。そして前述のように、三別抄掃討作戦において、元朝軍と高麗軍は友軍として共に戦い、宗主国と属国が連合を組んで日本へ出兵する体制が、出来上がりつつあった。

こうして、世祖フビライにとり、日本征伐の時機はすでに熟していたのである。この年の六月、三別抄征伐で勝利した元朝軍と高麗軍の将軍たちが大都に凱旋してきた時、フビライはついに、日本遠征の最終決断を下すこととなった。

対馬と壱岐で行われた虐殺と戦争犯罪

フビライは、三別抄討伐から凱旋してきた将軍たちを招集して、日本征伐を決定する御前会議を開いた。参加した将軍の中には、三別抄討伐の元軍の主帥・忻都《きんと》と、元将の洪茶《こうちゃ》丘《きゅう》、高麗軍の主将である金方慶《きんほうけい》の姿があった。

実はこの「元将・洪茶丘」は、もともと高麗人である。彼の父親の洪福源《こうふくげん》は高麗軍人であったが、一二三一年にモンゴル軍が初めて高麗に侵攻してきた時、高麗の北部国境を防備していた洪福源は、いち早くモンゴル軍に投降して、侵略軍の協力者となった。その後、成人した洪茶丘は、父の遺志を継いでモンゴル軍の一員となり、フビライの信頼する将軍の一人となった。そして元朝が高麗に大軍を派遣して三別抄の討伐を行った際に、洪茶丘は元軍の将軍の一人として活躍した。

この御前会議において、日本遠征が正式に決定され、作戦計画の全体も立てられた。それにしたがって、まず洪茶丘が「監督造船官軍民総管」として高麗に派遣され、大小戦艦九百隻の建造を監督することとなった。一二七四年の正月早々から、洪茶丘の厳重な監督の下で、昼夜兼行の造船プロジェクトが進められた。

その一方で、高麗には兵士八千人、かじ取りや水手など一万五千人の提供が命じられた。元朝の方では二万人の兵士を動員したが、そのうち五千人はもともと高麗に駐屯していた屯田兵で、本国から新たに派遣されてきたのは、モンゴル人や女真人、中国人からなる一万五千人の「多国籍部隊」である。

元朝軍と高麗軍が、日本遠征の出発地である合浦に続々と集結している中で、この年の五月、人質として大都滞在中の世子諶と、元朝の皇女との結婚式が執り行われた。世子諶への蒙古皇女の降嫁は、高麗王朝と元宗の長年の願いであったが、それがやっと叶えられたのである。これで高麗王室と元朝皇室は親戚関係となったから、高麗はなおのこと、元朝の日本遠征にいっそう協力しなければならなくなった。もちろんそれこそが、世祖フビライの狙いであって、だからこそ、日本征伐を目前に、婚礼を急がせたわけである。

しかし、大都で世子諶の婚礼が執り行われていた最中、高麗国王の元宗は病床に臥した。翌六月中旬、王はついに死去した。思えば、元宗が高麗の世子であった時にモンゴルに入朝し、フビライと出会ったことは、高麗がモンゴル帝国の忠実な属国となっていく一大転機であったと同時に、蒙古・高麗連合軍による日本征伐への道を開く、歴史的契機でもあったのである。高麗とモンゴル皇室は念願の親戚関係となり、日本遠征もいよいよ実現間近になっていたから、元宗はまさに自らの「歴史的使命」を果たして、往生したのではないだろうか。

元宗の死で、日本遠征計画は一時的に延期されたが、彼の葬儀が終わると、再開された。一二七四年（すなわち日本の文永十一年）十月三日、元・高麗連合軍は合浦から日本に向かって出発した。モンゴル人の日本征討都元帥・忽敦《こつとん》を総司令官、元高麗人の洪茶丘を副司令官とする元朝軍と、金方慶の指揮する高麗軍の、総勢二万八千人の大軍が、戦艦・兵船九百隻に乗って襲来したのである。日本でいう元寇の第一回「文永の役」の始まりである。

文永の役の結果は周知のように、日本の武士たちの決死の反撃と折からの「神風」に遭って、元・高麗連合軍が大敗を喫し、兵力の大半を失って朝鮮半島に逃げ帰った。これで一回目の日本征伐は失敗に終わったが、元・高麗連合軍が日本の国土を蹂躙する中で、多くの非道な殺戮《さつりく》が彼らの手によって行われたことは、特記しておかねばならない。

たとえば、元・高麗連合軍が対馬で行った虐殺について、同時代に生きた日蓮はこう伝えている。

「去文永十一年（太歳甲戌）十月ニ、蒙古国ヨリ筑紫ニ寄セテ有シニ、対馬ノ者、カタメテ有シ総馬尉《そうまじょう》等逃ケレハ、百姓等ハ男ヲハ或ハ殺シ、或ハ生取《いけどり》ニシ、女ヲハ或ハ取集《とりあつめ》テ、手ヲトヲシテ船ニ結付《むすびつけ》或ハ生取ニス、一人モ助カル者ナシ、壱岐ニヨセテモ又如是《またかくのごとし》」

つまり侵略軍は、普通の百姓にたいして、男は殺してしまい、女は手の平に穴を穿《うが》ち、数珠つなぎに貫き通して船壁に並べ立てたという。何と残虐極まりない行為であろうか。

次に壱岐島に攻め入った時にも、同じようなことが起きた。日蓮の記述は「壱岐対馬九国の兵並びに男女、多く或は殺され、或は擒《と》らわれ、或は海に入り、或は崖より堕《お》ちし者、幾千万と云ふ事なし」となっているから、ここでも、戦闘員である武士だけでなく、非戦闘員である一般庶民の男女が連合軍の虐殺の対象となったことが分かる。

無抵抗の庶民にたいする虐殺は、今日の視点からすれば、立派な戦争犯罪であるが、このような残虐行為を行った侵略軍の中には、モンゴル人だけでなく、多数の高麗人も含まれていた。

しかし今日、近代における日本軍の「戦争犯罪」を厳しく追及している韓国政府と韓国人は、自分たちの祖先が実行した虐殺と戦争犯罪にたいして、かつて一度でも反省したことがあるか。日本にたいして一度でも謝ったことがあるだろうか。もちろん皆無である。それどころか、韓国のどの歴史教科書を見ても、こうした虐殺と戦争犯罪は、完全に抹消されている。韓民族のいう「正しい歴史認識」とは、まさにこういう史実を直視することではないだろうか。

高麗国王が日本征伐の再開を提案した理由

一回目の日本遠征の失敗後、元朝の世祖フビライは当初、直ちに再征を計画し、実行するつもりであった。文永の役の翌年の一二七五年、高麗に日本再征のための艦船・武器の製造を命じたのは、その準備開始を告げるものであったが、一二七六年の正月になると、同じフビライから艦船・武器製造の中止命令が高麗王朝に届いた。つまりフビライの判断で、日本への再征は見送られたのである。

フビライが日本再征を見送った理由の一つは、南宋との戦争が、最大のヤマ場を迎えていたことがある。一二七五年、元朝の征服軍は南宋の戦略拠点である建康《けんこう》（南京）を陥落させ、首都である臨安の攻略に取りかかった。いよいよ南宋征服の総仕上げにさしかかっている中で、フビライは日本再征をしばらく脇に置くことにしたのではないかと思われる。

そして艦船・武器製造の中止命令が高麗に届いたのと同じ一二七六年一月、南宋首都の臨安が、とうとう陥落した。フビライの南宋征服は、ここに決定的な勝利を収めたが、その直後、フビライは臣下たちをふたたび集めて、日本再征の是非を問うた。

その時、南宋からの降将たちが口を揃えて「直ちに征伐すべし」と説いたのにたいし、契丹人の耶律希亮《やりつきりょう》が反対した。彼の祖父が成吉思汗の腹心であった耶律楚材《やりつそざい》で、希亮自身もフビライの信頼が厚い側近の一人であった。

彼はフビライにこう説いた。「わが国は宋、遼、金と攻戦し、まさに三百年なり、干戈《かんか》はじめて定まり、人は肩で息するを得たり。数年を待ちて兵をおこすも未だ晩《おそ》からず」と。

つまり耶律希亮は、元朝がふたたび日本征伐の兵を起こせば、南宋が滅んだ後の中国からも動員されるとの前提で、長年戦火に苦しんできた中国本土を休息させるべきだと、日本再征の延期をフビライに建言したのである。世祖フビライはどういうわけか、彼の意見に一々頷いて、日本再征の見送りはここに正式決定となった。

この決定は本来、高麗にとっても、この上なく嬉しいニュースのはずである。再征となれば、高麗はふたたび莫大な負担を強いられるからだ。事実、高麗王朝はフビライの中止決定を聞いた当初、たいへん喜んでいたようである。

しかし、それからわずか二年後の一二七八年、世祖フビライに日本征伐の再開を建言し、全面的な協力を申し込んだのが、他ならぬ高麗国王であったことを、誰が予想できたであろうか。

文永の役直前の一二七四年六月、高麗国王の元宗が死去したことは前述したが、元宗の後を継いで世子諶が即位し、高麗王朝二十五代目国王の忠烈王（在位一二七四年～一三〇八年）となった。彼が国王となったことで、降嫁してきた蒙古皇女も当然、高麗王朝の王妃となった。

しかしこの王妃は、世祖フビライの愛嬢であるがゆえに、高麗王朝にとってたいへん扱いにくい存在であった。忠烈王即位の翌々年、このモンゴル出身の王妃にまつわる厄介な事件が、王朝内で起きる。

一二七六年十二月、一通の密告書が、開京に駐在する元朝のダルカチ（総督）のもとに届いた。差出人不明の密告書は「忠烈王の前妃（高麗人）の貞和公主が女巫《ピンイン》（巫女）を使って今の王妃（蒙古皇女）を呪い、また王族の斉安公淑、将軍の金方慶ら重臣四十三名が謀反を企て、都を再度江華島に移して元朝に反抗しようとしている」という内容であった。もちろんそれは事実無根の誣告《ぶこく》であったが、元朝のダルカチはその職務上、密告書をフビライに届けた。

この事実無根の誣告が、フビライの高麗王朝にたいする警戒心を呼び起こすことになったのである。フビライはさっそく高麗に詔書を送り、高麗人が弓矢を持つことを禁じると同時に、高麗国内の武器のすべてを元軍の管理下に移管させるよう命じた。

忠烈王にとって、これは間違いなく、自分と宗主国皇帝フビライとの信頼関係に亀裂が入ったことを意味する、深刻な事態と見たであろう。それ以降、いかにフビライの歓心を買い、信頼回復を図るかが、彼にとって大きな政治課題となった。

その一年後の一二七七年十二月、またもや同じような密告事件が起きた。高麗の将軍である金方慶に恨みを持つ三人の部下の将校が、金方慶父子に謀反の企てがあると密告してきたのである。具体的には、金方慶が忠烈王と王妃、さらに元朝のダルカチを殺害したのち、一族四百人を率いて江華島に立て籠るという内容であった。

この密告を受けた元朝のダルカチは、さっそく金方慶を捕まえて厳しく取り調べたが、事実無根であると分かった。結局金方慶は釈放され、一件落着となったように見えた。

ところが、そこに割り込んできたのが、元高麗人で今や元朝高官となった洪茶丘である。翌年の一月、彼は高麗に乗り込むと、金方慶を再度捕らえて拷問を始めた。その時の拷問は「鉄索を以て首を圏《けん》し、釘を加えんとするが如くす。また杖者を叱してその頭を撃たしむ」といった過酷なものであったが、金方慶は最後まで踏ん張り、「自白」しなかった。

それでも洪茶丘は、金方慶に謀反の罪を着せて、流罪にしてしまったのである。その一方で彼は、フビライに金方慶の謀反が事実であると報告し、開京以南の高麗の各要所に、三千の元軍を派遣するようフビライに要請した。それまで元朝は、開京以南を高麗の自主的支配に任せて、軍の派遣を控えめにしていたが、洪茶丘は高麗に残されていた最後の「自治区」を元朝に献上させるつもりであった。

言ってみれば、高麗にたいしてもっともひどい仕打ちをしたのは、元高麗人の洪茶丘ということになる。もちろん高麗国王の忠烈王にとって、この洪茶丘こそ誰よりも憎むべき存在となり、高麗王朝最大の脅威となった。

ちょうどその時、またもや誣告事件が起きた。今度槍玉に挙げられたのは、何と、忠烈王自身であった。忠烈王が催す予定だった仏教法会が、実は元朝とフビライを呪うための祈祷集会であるという内容だったのである。密告を受けた洪茶丘は、鬼の首でも取ったかのように、報告する書類を直ちにフビライに送った。洪茶丘自身もさっそく元朝の首都へと赴き、フビライに忠烈王の「罪状」を直訴した。

洪茶丘の報告を聞いたフビライは、直ちに忠烈王の元朝入朝を命じた。すなわち、フビライ自身が密告を単なる「誣告」として見逃すつもりがないことを意味していた。どうやら娘婿の忠烈王よりも、フビライは洪茶丘の方を信用しているようであったが、同時に、忠烈王に弁明の機会を与えようともしていたのである。

蒙古皇女の王妃と共に元朝へと旅立った忠烈王は、まさに絶体絶命の窮地に立たされていた。例の密告にたいするフビライの疑念を払拭できなければ、高麗王朝の存続はもとより、自分の命さえ危ない。自分自身と高麗王朝を守るために、どうにかして「疑惑」を晴らして、フビライの信頼を取り戻す必要がある。他方で、高麗王朝にとって最大の脅威となった洪茶丘を排除しなければならない。この二つの仕事を同時に達成することが忠烈王にとっての至上命題となり、高麗王朝と彼自身の命運は、この成否如何にかかっていた。

高麗王朝と韓民族の祖先こそ、戦争の加害者であった

フビライの前に立たされた忠烈王は、「金方慶の謀反」や仏教法会にかんする密告がまったく事実無根であることを力説して、自身の潔白を強く主張した。そして洪茶丘こそが元朝と高麗の災いの元であると激しく非難し、高麗から彼を召還するよう、フビライに嘆願した。

もちろん忠烈王は、フビライが洪茶丘の方を信頼している状況下で、自身の潔白を訴えるだけでは、フビライの心を動かせないことも分かっていた。自分の弁明を受け入れてもらうために、忠烈王は、元朝にたいする自らの忠誠心を今まで以上に強調して、フビライの信頼を勝ち取らなければならなかった。

つまり、強敵である洪茶丘に勝つために、そして高麗王朝と自分自身を守るために、忠烈王は目に見える形で元朝への忠誠心を証明して、フビライの心を掴《つか》まねばならなかったのである。そこで、高麗国王としてフビライと対面したこの歴史的場面において、忠烈王は日本征伐の再開をフビライに提案し、全面的な協力を申し入れた。

その時、忠烈王がフビライに語った台詞はこうであった。

「日本は一島夷《いちとうい》のみ。険を恃《たの》みて庭《てい》せず。敢えて王師に抗す。臣自ら念《おも》う。以て徳に報ずるなし。願わくば更に船を造り穀を積み、罪を声《せい》して討《とう》を致さん」（『高麗史』忠烈王世家）

忠烈王のフビライへのこの献言は、本章の文脈において、たいへん重要なものなので、森平雅彦著・前掲書の現代語訳を以下に添えておこう。

「日本は一島夷にすぎないにもかかわらず、険阻をたのんで服さず、あえて官軍にあらがっています。臣がおもいますに、（日本が元の）徳に報いることはないでしょう。願わくは、あらためて戦艦を造って兵糧を積み込み、（日本の）罪を唱えて討伐すれば、必ずや成功するでしょう」

この現代語訳を一読すれば分かるように、高麗国王の彼は、元朝皇帝のフビライに、日本遠征の再開をはっきりと提案して、高麗が全面的に協力すると申し入れたのである。

その当時、日本再征は中止されたままの状態で、元朝の政治的議題として浮上していたわけでもない。しかも、フビライが忠烈王を御前に招いた時、別に日本討伐の是非について問うつもりはなかった。日本とは何の関係もない、高麗内部の密告事件の真相を問い、弁明の機会を与えるための謁見で、忠烈王の口から突如として、前後の脈絡もなく、日本再征の話が飛び出したわけである。

忠烈王がここで日本再征の提案を行った「下心」は、明白であろう。例の密告事件で失いかけているフビライからの信頼を取り戻すために、そしてフビライの忠犬である洪茶丘の謀略を打ち破って、高麗王朝と忠烈王自身を守るために、忠烈王自身が「日本再征の提言」を願い出ることによって、自分こそがフビライのもっとも忠実で頼りになる臣下であると、証明したかったのである。

もちろん、日本再征の野望をけっして忘れていないフビライにとって、忠烈王からの再開の提案と全面協力の申し入れは、まさに痒いところに手が届く、嬉しい話であったはずだ。大いに喜んだフビライは、直ちに、密告事件にかんする忠烈王の釈明を受け入れ、事実無根の誣告とする判断を下した。その一方でフビライは、忠烈王が強く求めた洪茶丘の召還を承認しただけでなく、高麗に駐屯しているすべての元軍とダルカチの引き上げまで明言した。その背景にはもちろん、忠烈王によって促された格好で、フビライが日本征伐再開を決意していたことがある。

忠烈王が帰国する時、フビライは「駙馬《ふば》高麗王」の金印を彼に授けた。駙馬とは皇帝の娘婿の称号であるが、この金印授与をもって、忠烈王は元の皇室の一員たることを正式に認められたのである。

このように忠烈王にとって、今回の元朝入朝はまさに全面勝利の旅となった。自分の願いはすべてフビライによって聞き入れられ、例の密告事件で生じた高麗王朝と彼自身の危機は、いとも簡単に克服された。それだけでなく、元朝皇室の「駙馬」としての身分を正式に授与されたことで、高麗王朝と彼自身の立場はよりいっそう安泰となった。

この勝利を収めるために、彼が切った最大のカードが、日本再征の提言と協力の約束であったが、別の言い方をすれば、まさに高麗王朝と忠烈王の保身のために、何の関係もない日本と日本人が最大の犠牲者となり、再度戦火に巻き込まれる羽目になったわけである。

ここに至り、高麗の忠烈王は、もはや元朝の日本侵略に否応なく巻き込まれた被害者ではなく、むしろ日本への再侵略戦争の提案者となり、主役の一人に昇格した。それは弘安の役の三年前、一二七八年七月のことであった。

忠烈王の日本征伐再開の提案は、日本にふたたび災いをもたらしたのみならず、元朝に征服された南宋の人々にとっても、たいへんな迷惑事となった。一二七九年二月、世祖フビライは南宋の旧領である楊州・湖南・贛州《かんしゅう》・泉州の四省にたいし、日本遠征に使う艦船六百隻の建造を命じた。日本再征においては、旧南宋も軍事基地として使われるようになり、南宋の旧領からも兵力が動員され、侵略軍の一部に加わった。

その一方、高麗王朝も忠烈王の指揮下で九百隻の戦艦の建造に取りかかり、日本遠征への参戦準備を急いだ。そして一二八〇年八月、忠烈王はふたたび元に入朝してフビライに謁見した。そこでフビライは、忠烈王と共に、日本遠征の元軍主将と副将にふたたび任命された忻都・洪茶丘と、南宋からの降将である范文虎《はんぶんこ》などを招集し、日本遠征の最高作戦会議を開いた。

この会議では、作戦の具体的計画や役割分担などが討議され、決定された。さらに日本遠征のために設置された「征収日本行中書省《こうちゅうしょしょう》」（日本遠征大本営）の人事も決められ、忻都・洪茶丘・范文虎の三名が中書右丞《ちゅうしょうじょう》（大本営副司令官）に任命された。

この人事に大きな不満を持ったのは、忠烈王である。仇敵である洪茶丘が中書右丞に任命されたのに、自分が大本営に何の職も与えられないことが不満であった。

この年の九月に帰国すると、忠烈王は大急ぎで参戦準備の総仕上げにかかった。そして十一月、高麗がすでに艦船九百隻・正規軍一万人、水手など一万五千人の準備を整えたとの報告をフビライに届けて、忠誠を示すと同時に、自分も「征収日本行中書省」の長官として、日本遠征の指揮にあたりたいと、フビライに要請した。

フビライは直ちにこの要請を聞き入れた。忠烈王はその願いを叶えられ、「征収日本行中書省」の中書左丞《さじょう》に任命され、忻都・洪茶丘・范文虎らと並ぶ、日本遠征の指揮官の一人となったのである。

一二八一年（日本の弘安四年）正月、フビライはついに、出征命令を下した。二回目の日本遠征、すなわち日本でいう「弘安の役」が、いよいよ始まろうとしていた。そしてこの年の四月十八日、元朝軍と高麗軍が日本遠征への出発地である合浦で合流すると、忠烈王は「征収日本行中書省」の中書左丞として、すなわち日本侵略の司令官として、盛大な閲兵式を催した。晴れ姿で閲兵台に立ったその時の忠烈王は、名実共に日本侵略の「戦犯」の一人となったのである。

翌五月三日、兵力四万人・戦艦九百隻からなる元朝・高麗連合軍が合浦から出発し、日本に向かった。日本遠征の「東路軍」と称されるこの軍勢は、対馬や壱岐を次々に占領して、やがて博多湾に入り、志賀島に上陸した。志賀島では鎌倉幕府軍との戦いに敗れて一時的に海上へ撤退したが、七月になると、南宋の旧領から徴集された十万人の「江南軍」が遅れてやって来て、平戸島の付近で東路軍と合流すると、総勢十四万人の大軍となって、ふたたび襲いかかってきた。

そしてこの度も、幸いなことに、日本男児の決死の反撃と「神風」のおかげで、遠征軍は完膚なきまでの大敗を喫し、撤退を余儀なくされた。

東路軍と江南軍合わせて十四万人の兵士のうち、大陸や半島に生還できたのはわずか三万人余。モンゴル人、中国人、そして高麗人約十一万人の将校や兵士たちの命が、日本沿岸の海の藻屑《もくず》と消えたのである。

彼らの命を奪った責任者の一人は、いうまでもなく高麗の忠烈王であった。彼は、自分自身の保身と、高麗王朝の存続を図るために、中止されていた日本征伐を再度蒸し返し、フビライを焚き付けて、二回目の日本遠征の最大の推進役となった。さらに忠烈王は、自ら進んで遠征軍司令官の役割を引き受け、日本遠征軍の最前線基地となった合浦まで出向き、陣頭指揮をとった。もちろん彼の率いる高麗王朝は、国を挙げてこの日本遠征に協力し、高麗の正規軍が日本遠征の主力部隊の一つにもなった。

本章で述べてきたように、第一回の日本征伐（文永の役）にあたっては、忠烈王の父親である元宗が大きな役割を果たしていた。高麗王・元宗がフビライとの間に結んだ「信頼関係」を基軸にして、モンゴル帝国への全面服従を国策としたからこそ、そして彼が自分の地位を守るために、モンゴル軍を朝鮮半島に呼び寄せて、高麗軍と肩を並べて戦わせたからこそ、元朝にとっての日本征伐の条件が整ったわけである。

つまり一回目の侵攻（文永の役）の時点においても、高麗王朝はけっして「脅迫」されたから、やむを得ず日本侵略に参加させられたのではない。いや、彼らはむしろ、自ら進んで元寇に協力したのである。

そして二回目の日本征伐（弘安の役）に至って、高麗の国王と高麗王朝の果たした役割は、もはや「積極的な協力者」程度で済むものではなかった。高麗王朝とその国王の忠烈王は、「弘安の役」の積極的な提唱者であり、推進者であり、日本侵略を実行した主役だったのである。

もちろん、高麗王朝の忠烈王が二回目の日本侵略を主導した最大の理由は、彼自身と高麗王朝の保身のためであったが、そのために隣国の日本を戦火に巻き込み、数多くの日本人、中国人、高麗の民衆に多大な犠牲を強いたやり方は、いかにも卑怯であり、卑劣ではなかったか。

何より重要なのは、少なくとも弘安の役における日本侵略において、戦争を主導した高麗王朝は間違いなく、日本にたいする歴史上の加害者であり、戦争の巻き添えを喰った旧南宋の人々への加害者でもあった。

韓国の現役大統領である朴槿恵氏は二〇一三年三月に、日本との「歴史問題」について、「被害者と加害者の立場は千年経っても変わらない」という主旨の発言をしたが、ならばわれわれは、彼女に一つの質問をしておかねばならない。「高麗王朝と元帝国の共同作戦である日本侵略・弘安の役から、どれくらいの年数が経ったのか」という問いである。

その時点で、日本侵略から千年どころか、七三二年しか経っていなかった。となると、朴大統領自身の論理に忠実であるなら、日本侵略の加害者としての高麗王朝の立場は、今でも何ら変わっていないことになる。つまり、現在の韓国人全員が歴史を直視して、かって自分たちの祖先が行った、この立派な戦争犯罪行為を深く反省し、祖先の卑怯と卑劣を多いに羞じ、謝罪するべきということになる。歴史認識問題を強調すればするほど、ブーメランのように韓国人にもはね返ってしまうのである。

第三章

アジアの大迷惑だった朝鮮王朝の「近代化」

朝鮮の「近代化」を遅らせたのは何か

前章のテーマだった日本征伐が失敗に終わってからも、高麗王朝はなお百年以上の命脈を保ち、一三九二年まで存続した。その間、モンゴル帝国の元朝が健在だったうちは、高麗王朝はその忠実な属国の立場を守っていた。

文永の役の直前に、モンゴルの皇女と結婚した高麗国王の忠烈王は、「駙馬高麗王」の金印を授けられ、モンゴル皇族の一員となったことは前章で述べたが、それ以降、モンゴル皇族の女性と結婚するのは歴代高麗国王が従うべき慣例となり、果たすべき「任務」ともなっていた。モンゴル帝国支配下のアジア秩序の中で、高麗王朝はこうして安泰を保ったのである。しかし一三五一年、中国本土で元朝にたいする本格的な反乱（紅巾の乱）が起きた。元朝の統治基盤はこれで一気に崩壊に向かったが、そこでいち早く「転向」したのは高麗王朝である。紅巾の乱の五年後の一三五六年、元朝の駙馬（娘婿）であるはずの高麗の恭愍《きょうびん》王（在位一三五一年〜一三七四年）は、宗主国に見切りをつけて、元朝との断交に踏み切った。いつもながら、そういう時の韓民族の素早い変身ぶりは、実に見事なものである。

しかし恭愍王は、一つ大事なことを忘れていた。日本遠征の時以来、高麗国内における王室の地位は、元朝の「駙馬高麗王」であることによって保証されていた。宗主国の元朝こそが、高麗王室の後ろ盾だったのである。紅巾の乱後の一三六八年、中国本土で漢民族による明王朝が建国されると、モンゴル人ははるか北方の草原や砂漠地帯に追いやられた。朝鮮半島周辺の力関係も、これで一変した。

こうした中、高麗王朝の内部では、明王朝に親しみを感じる「親明派」の官僚が台頭し、有力な軍人の**李成桂**《りせいけい》と手を結んだ。その結果、半島の中で易姓革命が起きた。高麗王朝が転覆させられ、李成桂を国王とする朝鮮王国（李氏朝鮮）が誕生したのである。

元朝を宗主国として崇めた高麗王朝と同様、李氏朝鮮は明王朝の忠実な朝貢国となった。半島民族の伝統芸である事大主義はきちんと受け継がれたのである。たとえば李成桂による建国の際、新しい国の国名を中華皇帝に決めて頂くべく、使者を遣わして二つの国名

李成桂（李氏朝鮮の初代国王、太祖康献大王とも呼ばれる）

候補（「朝鮮」と「和寧《わねい》」）を明の洪武帝（朱元璋《しゅげんしょう》）に相談した。洪武帝が選んだのは「朝鮮」であったから、それはそのまま、六百年以上続く朝鮮王国の正式な国名となった。

それ以降の長い歴史において、明王朝を宗主国とするアジアの「冊封体制」の中で、李氏朝鮮は常にもっとも忠実な朝貢国となり、従順な優等生となった。

しかし十七世紀、中国大陸で、またもや易姓革命が起きた。明王朝が崩壊し、満州人の作った清王朝が中国を支配することとなったのである。そこで「小中華」を自任する朝鮮王朝は、満州人の新王朝を「野蛮国」と見下して反抗的な態度を取っていたが、清王朝の圧倒的な軍事力によって痛めつけられると、彼らはふたたび従来の事大主義に戻って、明王朝に示した以上の恭順の姿勢を、清王朝にたいして示すようになった。

以後数百年間、一八九五年の下関条約の締結まで、朝鮮王国は清王朝の忠実な朝貢国であり続けたが、それを変えたのが日本である。周知のように、一八九四年から九五年にかけて勃発した日清戦争で、明治政府の日本軍が清王朝軍を完膚なきまでに打ち破った。その戦後処理として、九五年四月に下関の春帆楼《しゅんぱんろう》で「日清講和条約（下関条約）」が締結された。この日清間の条約によって初めて、朝鮮は清王朝の朝貢国の地位から脱却できたのである。

日清講和条約（下関条約）の第一条は、「清国は朝鮮国が完全無欠なる独立自主の国であることを確認し、独立自主を損害するような朝鮮国から清国に対する貢・献上・典礼等は永遠に廃止する」となっている。まさにこの一つの条文によって、朝鮮は清王朝からの独立自主を獲得しただけでなく、韓民族が新羅以来の事大主義から脱却する道も開かれたはずであった。

そう考えると、ここで浮かび上がってくるのは、一つの興味深い問題である。日本と清国の戦争の結果、締結された講和条約の第一条がなぜ、第三国のはずの朝鮮の国際的な地位にかんする条文となっているのか、ということである。まるで日本が朝鮮の独立のために、国力を結集して清国と戦ったかのように見えるが、真相はどうだったのか。

日本と清国が戦争した結果、第三国の朝鮮が独立を獲得した。実は、この興味深い出来事の背後には、近代になってから、日本、清国、朝鮮それぞれが歩んだ道の違いに起因する、朝鮮という国の「近代化」の特異な性格が隠されているのである。

説明しよう。近代以降の日本と清国と朝鮮が歩んだ道の違いとは、要約すれば以下のようになる。

十九世紀半ばから、西洋列強が東洋（オリエント）に大挙して進出し、アジア諸国が相次いで植民地化の危機にさらされた中、日本だけが素早く反応して明治維新を成し遂げ、「文明開化」と「富国強兵」の国策を推進して、近代化に成功した。その結果、日本は西洋列強の植民地支配から逃れることができただけでなく、アジアで最初の近代国民国家として台頭した。

それにたいして、清王朝と朝鮮王国の両方とも、国の変革と近代化に失敗し続け、時代の流れに取り残された。だからこそ、十九世紀末の日清戦争では、老大国の清が島国の日本に完敗し、朝鮮王朝は宗主国からの独立自主を獲得するにあたり、日本の力を頼りにするようになったのである。

問題は、日本の素早い成功と比べて、清王朝と朝鮮王国はどうして時代の波に大きく乗り遅れてしまい、近代国家になりそこねたのか、ということである。本書はもっぱら朝鮮半島をテーマにしているから、本章の問題意識も当然、なぜ朝鮮王国が近代化の波に乗り遅れたのか、という一点に絞られる。

実はこの問題にかんして、私の手元に面白い資料がある。在日韓国人の作家で、朝日新人文学賞・歴史文学賞などを受賞した金重明《キムチュンミョン》氏が、その著書である『物語　朝鮮王朝の滅亡』（二〇一三年、岩波新書）の中で、近代直前の朝鮮で起きた、とある興味深い事件を紹介しているのだ。

一八〇一年、朝鮮国内でひそかに広がりを見せていた天主教（キリスト教）にたいして、朝鮮王朝は厳しい弾圧に乗り出した。朝鮮史上で「辛酉教獄《しんゆうきょうごく》」と呼ばれる事件であるが、その渦中で、弾圧から逃れて地下に潜伏した、黄嗣永《こうしえい》という天主教徒がいた。

当時、朝鮮半島で布教していた天主教の拠点は中国（清国）の北京にあり、北京南天主堂に駐在するグヴェア主教がその総元締であった。朝鮮の天主教徒にとって、このグヴェア主教は法王様のような存在であったが、朝鮮王朝による天主教弾圧に憤慨した黄嗣永は、やがて大胆な行動に打って出た。

彼はグヴェア主教宛の嘆願書を絹の布地に書き込み、教友の一人に託して北京に届けさせようとした。しかし運悪く、この教友が朝鮮王朝の官憲によって捕らえられ、嘆願が書かれた帛書《はくしょ》は押収されてしまった。

問題は、官憲の知るところとなったこの嘆願書の内容である。そ

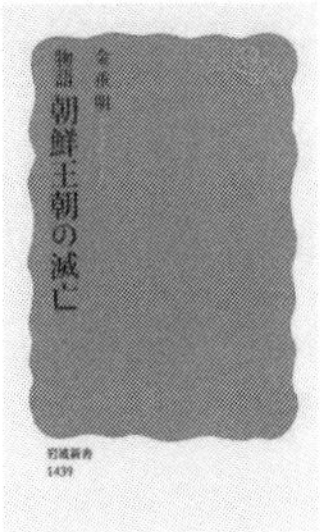

金重明『物語　朝鮮王朝の滅亡』（岩波新書）

の中で黄嗣永は、グヴェア主教にたいし、数百の艦船に五、六万人の精兵を乗せ、多数の大砲や鋭い武器を搭載して、武力でもって朝鮮王朝に天主教の布教を強要するよう求めたのである。それが官憲にばれてしまったことで、黄嗣永は大逆不道の罪で処刑された。これが事件の顛末である。

作家の金重明氏が注目しているのは、この事件がもたらした影響である。いわゆる「黄嗣永帛書事件」の影響で、朝鮮王朝は天主教の政治的危険性をことさら警戒するようになったという。それ以降、天主教だけでなく、それと関連するいっさいの西洋学の受容が、厳しく禁じられた。結果、朝鮮は西洋文明との接触が断絶してしまい、近代化に遅れたというのが金重明氏の論である。

おそらく金重明氏の論ずる通り、十九世紀初めの「黄嗣永帛書事件」は確かに、朝鮮の「文明開化」を遅らせた理由の一つとなったのは事実だろうが、私が彼の著書でこの事件のことを知った時、むしろ別の視点から、非常に興味深く思った。

朝鮮人天主教徒であった黄嗣永は、自国の弾圧政策に対抗するために、北京にいる外国人の主教に、「五、六万人の精兵と大砲」で武装する軍隊を派遣して、自国の政府を脅迫するよう、積極的に頼み込んだのである。

自国の内紛や危機の解決のために、外国人あるいは外国軍の介入を自ら願い出る。本書をここまで読み進めてきた読者の方なら「なるほど」と納得されるであろう。われわれが嫌というほど、さんざん見せつけられてきた通り、このようなやり方こそ、新羅以来の半島民族の不朽の伝統であり、変わらぬ習性なのである。

今回のケースでいえば、頼まれたグヴェア主教に、果たして「五、六万人の精兵と大砲」を派遣する力があったか、非常に疑わしいが、頼んだ黄嗣永の、一見すると奇想天外のように思える発想こそ、韓民族の典型的思考の遺伝子を受け継いだものである。

作家の金重明氏には失礼かもしれないが、彼の著書でこの事件のことを知った時、あまりに突飛な嘆願内容を見て「ほんまかいな」と、記述の信憑性を少し疑ってしまった。そこで朝鮮近代史の専門家で、花園大学教授だった姜在彦《カンジェオン》氏の著書『朝鮮近代史』（一九八六年、平凡社選書90）を読んでみたところ、同様の事件の概要が記されていたから、間違いない事実であろうと確信した。

姜在彦『朝鮮近代史』（平凡社選書 90）

こうして見ると、外国勢力を招き入れて国内問題の解決に当たるという、朝鮮民族の思考回路と行動パターンは、近代直前に至るまで、脈々と受け継がれてきたようである。

ところが、以下で詳しく検討するように、近代以降も、現代に至るまで、そして朝鮮が近代へ向かうまさにこのプロセスにおいて、歴史的な節目のたびに、この行動パターンが繰り返されたことが、朝鮮近代史における顕著な特徴となっていることが分かったのである。この独特な行動パターンが毎度のように繰り返された結果として、朝鮮の近代化はいつも挫折して前進せず、いつまでも独立自主の近代国家になれなかった、というのが実情なのだ。つまり、何かあるたびに外国勢力を招き入れて、それを利用するという韓民族固有の行動パターンこそ、朝鮮の近代化を遅らせた最大の理由の一つといえるのである。

問題はそれだけに止まらない。近代になってからも、周辺の外国勢力を次々と半島内に誘い込むやり方を続けたことが、日本や中国を含めた周辺の国々にとってみれば、実はたいへんな迷惑と損害を被る結果をもたらしたのである。外国勢力が朝鮮人自身によって誘い込まれた結果、朝鮮半島が繰り返し戦乱の地と化していき、周辺諸国もそれに巻き込まれて、本来なら不要だったはずの戦争を強いられたからである。

言い換えると、近代に入ってからの朝鮮の迷走は、まさに東アジアのトラブルメーカーにふさわしいものであり、中国や日本などの周辺国にとって、無用の戦争と流血を強いられる、災いの元となっていた。その実相こそ、本章が探求していくテーマである。

清王朝の朝鮮干渉を招いた「壬午軍乱」

西洋列強が東アジアに進出してきた当初、朝鮮王朝は徹底した「攘夷」政策を取っていた。たとえば一八三〇年代にイギリス人が通商を求めて来航してくると、朝鮮はきっぱり拒否した。それ以来、「攘夷」は一貫した朝鮮の国策となっていたが、とりわけ顕著になってきたのは、一八六四年に始まった「大院君政権時代」のことである。

大院君とは、朝鮮王朝第二十六代国王の**高宗**（在位一八六三年〜一九〇七年）の実父で、名を李是応《りしおう》という。高宗はわずか十一歳で即位したため、父親の李是応が摂政となって実権を握り、朝鮮王朝の

大院君（興宣大院君、李氏朝鮮末期の王族、政治家）

習わしに従って、大院君と称した。

一八六四年から七三年までの大院君政権時代は、朝鮮における「攘夷政策」の最盛期であった。その間、朝鮮は来航してきたアメリカ帆船ジェネラル・シャーマン号を焼き討ちし、フランス人宣教師を処刑した事件への報復として江華島に攻めてきたフランス軍と戦い、敗退させた。大院君の指示で、「欧米列強が侵犯してきているのに、戦わずして和親するのは売国だ」という意味の「斥和碑《せきわひ》」を全国に建立して「攘夷」の決意を示したのも、その時代のことである。

しかし一八七三年、勢力を伸ばしてきた閔妃《びんひ》（高宗の王妃）一派が政変を起こして大院君を失脚させると、状況は大きく変わった。政権を握った閔妃一派は、内政も外交も大院君と正反対の政策を採用したため、朝鮮は徐々に開国へと向かった。こうした中、一八七六年二月、日本と朝鮮との間で日朝修好条規（江華条約）が締結された。それに基づいて、釜山・元山・仁川が開港され、ソウルに初

高宗（李朝第二十六代国王、のち大韓帝国初代皇帝）

めての外国領事館として日本公使館が開設された。続いて一八八二年五月に米朝修好通商条約も締結された。

これで朝鮮の開国・近代化が順調に滑り出したかといえば、そう簡単には行かなかった。一八八二年に起きた「壬午《じんご》軍乱」（壬午事変）によって、朝鮮の近代化はまったく別の方向へと転じていったからである。

この「壬午軍乱」という、朝鮮の近代史上、極めて重要な事件の顛末はこうであった。閔妃一派は政権を握ると、明治日本に倣って軍の近代化を図ろうとした。そのために、旧式の軍隊とは別に、西洋式の新装備を有する新式軍隊「別技軍」を作り、日本から軍事教官を招いて、訓練に当たらせた。

この新式軍は、地位と待遇において、旧式軍と大差がつけられていたため、旧式軍の軍人たちは、新式軍と開国路線を進めた閔妃一派への不平不満を募らせ、一触即発の状況となった。こうした中、旧式軍の兵士たちに久しぶりに支給された俸給米に、砂が大量に混ぜられていた出来事があり、兵士たちは不満を一気に爆発させて、暴動を起こした。一八八二年七月のことである。

暴動が拡大する中で、兵士たちは政権を牛耳る閔妃一族の高官の屋敷を襲った。これによって、首謀者たちの処刑はもはや免れず、彼らは退路を断たれ、後戻りできなくなった。

何とか活路を開こうと、暴動の主犯たちは、失脚に追い込まれた大院君のところに駆けつけて、助けを求めた。機を見るに敏な大院君は、素早く反応した。彼はこれを、閔妃一派から権力を奪い返して開国政策を潰す、絶好の機会と判断したのである。

立教大学名誉教授の山田昭次氏は共著である『近現代史のなかの「日本と朝鮮」』（一九九一年、東京書籍）において、大院君がその時に取った行動について、こう記述している。

「大院君は兵士の指導者に、（1）王妃の処分、（2）閔氏一族の殺害、（3）日本公使館、および日本人教官が教育している新式軍隊である別技軍の訓練所・下都監教場を襲撃して日本人を追放、殺害することなど、密計を授けたと見られている」

大院君はここで、兵士たちの無軌道な暴動を、閔妃一派打倒の政変へと誘導する一方、本来なら軍乱と無関係の日本人の殺害までそ

山田昭次、鄭章淵、高崎宗司、趙景達『近現代史のなかの「日本と朝鮮」』（東京書籍）

そのかしたわけである。

千葉大学教授の趙景達《チョギョンダル》氏もその著書『近代朝鮮と日本』（二〇一二年、岩波新書）において、この経緯について以下のように記している。

「その後、処罰を免れなくなった彼ら（筆者注、反乱兵士のこと）は、大院君に救いを求めるべく、その私邸雲峴宮《うんけんきゅう》に向かい、指示を仰いだ。そして、その指示に従って日本公使館を焼き討ちし、別技軍教官堀本礼造を殺害した」

以上二名の学者の記述から、暴動を起こした兵士たちに、日本公使館の襲撃と日本人教官の殺害を指示したのは、まさしく大院君その人であったことが分かる。そして趙景達氏が記したように、兵士たちは指示された通りに行動し、日本公使館を襲っただけでなく、日本人教官の堀本礼造を殺してしまったのであった。

殺された堀本礼造は、朝鮮に勝手に入ってきた「侵略者」でも何でもない。彼は朝鮮王朝に招聘《しょうへい》されてやってきた、一外国人教官

趙景達『近代朝鮮と日本』
（岩波新書）

にすぎない。彼が殺されなければならない理由は、当たり前のことであるが、どこにもなかった。

にもかかわらず、朝鮮王朝の内乱を政変につなげて利用しようとする、かつての最高権力者の指示によって、無残にも殺害されてしまった。この軍乱において殺された日本人は、堀本だけではない。上智大学教授の長田彰文氏が著書『世界史の中の近代日韓関係』（二〇一三年、慶応義塾大学出版会）で記したところによると、殺された日本人は、堀本礼造を含め十三人にも上ったという。まさに「日本人虐殺」ともいうべき事件である。

この十三人の罪なき日本人の虐殺こそ、結果的に見れば、日本と朝鮮との「不幸な近代史」の始まりを告げたものであった。ここで銘記しておくべきは、この「不幸な近代史」の始まりにおいて虐殺されたのが、罪もない日本人であって、朝鮮人は立派な加害者であった、という点である。

日清戦争の遠因がこうして作られた

話をふたたび軍乱に戻すと、大院君と面会した反乱兵士たちは、彼の指示した通りに動き、日本公使館を襲った上で、朝鮮王朝の宮殿に乱入し、閔妃一族の高官を手当たり次第に殺していった。その時、彼らの最大のターゲットだったのは閔妃その人であるが、閔妃は無事に宮殿から逃げ出して、身を隠すことに成功した。その一方で大院君は、軍乱の力を借りて、政権返り咲きを見事に果たした。

しかし軍乱から十日ほど過ぎた深夜、一通の密書が国王、高宗のもとに届けられる。閔妃からの書簡であった。金重明氏の前掲書によると、閔妃は密書の中で高宗に起死回生の秘策を授け、高宗はそれに従い、密使を清国に送ったという。

ちょうどその時、朝鮮王朝から清国に派遣されていた二人の官僚が、清国の外交窓口であった天津に滞在していた。領選使の金允植《きんいんしょく》と問議官の魚允中《ぎょいんちゅう》の二人である。高宗の密使はこの二人と連絡を取り合い、朝鮮の軍乱にたいする軍事的介入を、清国政府に要請した。

この要請を受けた清国政府は、丁汝昌《ていじょしょう》率いる海軍に命じて、三千人の清国軍を朝鮮半島に派遣した。その時、金允植と魚允中の二名は清国軍に同行していたが、朝鮮人が外国軍を導いて朝鮮半島に侵入してくるという朝鮮史上定番の「歴史ドラマ」が、ここでも繰り返されたわけである。

やってきた清国軍は、軍乱の兵士たちと激戦を繰り広げた末、完全に鎮圧することに成功した。さらに清国政府は、政権に返り咲いたばかりの大院君を捕らえて清国に拉致し、閔妃の政権復帰を全面的にバックアップした。こうして大院君による政変騒ぎが治まると、朝鮮王朝はふたたび閔妃一派の天下となった。

しかし朝鮮にとって、この事変の後遺症は実に大きかった。閔妃たちが政権奪還のために清国軍を招き入れた行動が、清国と朝鮮との関係を、根本的に変えてしまったからである。そのことが朝鮮近代史の展開に、決定的な影響を与えたのだ。

それまでの清王朝は、朝鮮の宗主国ではあったものの、儀礼的な朝貢を受けて満足していた立場であった。朝鮮の内政に干渉するようなことはほとんどなく、軍を朝鮮に派遣し駐屯させることもなかった。

しかし、内政の危機に直面した朝鮮の統治者たちは、自国の内政にたいする干渉を、清王朝に進んで懇願し、清国軍を自国の首都に招き入れた。そして閔妃一派は、まさに清国軍の力を借り、清国政府に全面的に頼ることで、政権の座に返り咲いたのである。

その結果、朝鮮はもはや清国にたいする名義上・儀礼上の朝貢国ではなくなり、名実ともに清王朝の属国、植民地になる道を、自ら開拓してしまったのである。

　山田昭次氏の前掲書の記述によると、「この事変をきっかけに清国はその勢力を朝鮮に浸透させ、日本に対して優位を築いた」という。具体的にいえば、政治面では馬建常《ばけんじょう》という清国官僚と、清国政府お抱えドイツ人のメレンドルフを通商・外交の顧問として送り込み、朝鮮の外交・財政を監督させることとした。軍事面では、軍乱を鎮圧した三千人の清国軍がそのまま居残って朝鮮に常駐し、朝鮮軍の訓練も、清国の武官が行った。朝鮮軍は事実上、駐在している清国軍司令官の統制下におかれたのである。さらに貿易の面でも、不平等条約である「朝中商民水陸貿易章程」が調印され、清国民は宗主国民として、朝鮮での居住、営業、旅行の自由を獲得した。

　清国の朝鮮支配の強化について、拓殖大学教授の呉善花《オソンファ》氏も、その著書『韓国併合への道　完全版』（二〇一二年、文春新書）において、以下のように詳しく述べている。

「清国は軍乱をきっかけに対朝鮮干渉を強化する方針をあらわにした。

呉善花『韓国併合への道
完全版』（文春新書）

その第一が、首都漢城を軍事制圧下においたこと。第二が、不平等条約（清国朝鮮商民水陸貿易章程）の締結。第三が、外交顧問の派遣であり、その顧問らが指導する中国式の近代化としての軍制・官制の改革であった。

清国は、呉長慶麾下《きか》の三千名の軍兵を駐留させたまま袁世凱に指揮をとらせ、漢城（現在のソウル）を完全な軍事制圧下においた。また袁世凱は、中国式の朝鮮陸軍を養成するために清国の武官を訓練にあたらせ、武器・弾薬を清国から供給した。その結果、朝鮮は、一年半後に二千名の陸軍兵力をもつことになった。

一八八二年（明治十五）十月、清国は李朝との間に「清国朝鮮商民水陸貿易章程」を調印した。そこでは李朝が清国の属国であることが明記され、その宗属関係に基づいて、清国が朝鮮との貿易上の特権を独占することを規定している。この章程によって、中国人は漢城と揚花津で倉庫業・運送業・問屋業を兼営する店舗（桟《さん》）の営業権をもつことになり、また清国が事実上の領事裁判権をもつことにもなった。（中略）

こうして清国は朝鮮に対して、古代的な宗属支配から近代的な帝国主義支配への一歩を踏み出したのである」

以上は、個人的にも親しい呉善花教授の著書を「友人の誼《よしみ》」をよいことに、長々と引用させてもらったが、その前に引用した山田昭次教授の論述と照らし合わせてみると、「壬午軍乱」とそれに乗じた清国軍の進出をきっかけに、朝鮮が、清国による実質上の植民地支配の甘受へと一歩踏み出したことがよく分かるのである。

しかしそれを、日本の近代化への道と比べてみると、実に興味深い対照をなしていることもよく分かる。日本の場合、西洋列強の植民地政策から国の自主独立を守るために、近代化が志向されたのにたいして、朝鮮の近代化の始まりはむしろ、古い宗主国である中国への従属関係を、よりいっそう強める方向に転じていった。近代における日本と朝鮮の歩みの違いは、まさにこの出発点から生じたのではなかろうか。

もちろんそれは、朝鮮人自身が招いた結果であり、自業自得というべきものだ。危機が起きるたびに、外国勢力を半島に招き入れて国内の紛争に介入させる、韓民族の不変の行動パターンが、近代になってからも見事なまでに作動した結果、いつもと同じように、こうなってしまうのである。韓民族が経験してきた「不幸の歴史」の多くはむしろ、彼ら自身が招いた結果にすぎなかった。

しかし近代の「不幸な歴史」は、ここで大問題を引き起こしてしまう。清国の軍事的影響力と政治支配が朝鮮半島に及んだことは、やがて、東アジアにおける日本と清国との戦略的対立を招くことになったからだ。

当時の地政学的視点からすれば、老大国の清と新興国日本との間で、朝鮮が常に中立を保ち、緩衝地帯としての役割を果たしていれば、日本と清が直接、衝突することはなかったはずである。しかし清国が、朝鮮半島にたいする軍事的・政治的支配を一方的に強めていけば、それは当然、日本の生存にとって大きな脅威となる。弱肉強食の帝国主義の時代にあって、これは自明の公理である。

したがって、「壬午軍乱」以降の日本にとって、朝鮮半島から清国の影響力をいかにして排除するかが、国の存亡にかかわる戦略的課題となった。

この問題の最終解決となったのが、「壬午軍乱」から十二年後の日清戦争なのである。つまり、日清戦争の戦後処理として締結された「下関条約」(前出)で、朝鮮の清国からの独立が条文の第一条となっていた理由は、そこにあった。日本が日清戦争を戦わなければならなかった最大の理由の一つが、清国軍を国内に引き入れた「朝鮮の問題」に起因していたのである。

日本は自国の安全保障のために、朝鮮を清国の支配から解放しなければならなかったのだ。その意味で、日清戦争のきっかけの一つが、一八八二年の「壬午軍乱」にあったといえるだろう。朝鮮王朝の閔妃一派が清国軍を半島に招き入れたことこそ、日清戦争の遠因を作った歴史的事件だったのである。

外国勢力の力を借りた甲申政変の顛末

「壬午軍乱」の後、清国が朝鮮への植民地支配を強めていく中で、朝鮮王朝では二つの政治勢力が形成され、互いに争うようになった。第一に、清国の軍事力をバックにして大院君一派を撃破し、政権に返り咲いた閔妃一族を中心とした勢力である。彼らは、伝統的な事大主義を奉じて清国に従うことを政策の基本としていたから「親清派」、あるいは「事大党」と呼ばれる。

そして第二に、閔氏中心の親清派政権とは正反対の立場をとる一派があった。**金玉均**《きんぎょくきん》を中心とする新進気鋭の若手官僚のグループで、清国にたいする隷属関係からの脱却と、日本の明治維新をモデルとした改革と近代化推進を目指す人たちである。

金玉均（李朝末期の政治家。甲申事変後日本に亡命、上海で暗殺）

金玉均という人は、朝鮮王朝の科挙試験で状元《じょうげん》（首位）として合格した秀才である。一八八二年に日本に遊学して福澤諭吉とも交遊しているから、朝鮮王朝の若手官僚の中では屈指の知日派ともいうべき人物だった。

その一方、金玉均は清国にたいしては、徹頭徹尾、敵視の姿勢をとった。彼が「反清国」になった最大の理由は、「壬午軍乱」に際して清国が朝鮮に軍事干渉し、国王の父親である大院君を拉致する暴挙に及んだことにあるという。

その経緯について、姜在彦氏の前掲書では『金玉均伝』（一九四四年）という書物の記述を、次のように紹介している。

「金玉均は大院君拘送を聞くや、慨然起って清国打倒を決心せり。彼は国際の政情如何《いかん》に拘らず、国父を欺いて之を拉去したるは、国土を蹂躙し、国民を侮辱し、朝鮮の王家を奴隷となし、国の面目を蹂躙したるものとなし、慨然起って清国打倒したるものの如く、彼が後年甲申《こうしん》の政変に当り、一意専心、以て事大党に撃滅を与えることを決心したりしは、実に大院君拉去事件に基因すると謂はれたり」

ここで出てきた「甲申の政変」については後述するが、とにかく金玉均が「清国打倒」を決意した背景に、大院君の拉致に象徴される、清国のあまりにも乱暴な内政干渉があったことは確実であろう。そういう意味では、金玉均と彼の率いる若手官僚のグループは、朝鮮王朝内における熱血的な愛国者であった。

「壬午軍乱」の後、清国がますます露骨に朝鮮への軍事的・政治的支配を強める中で、親清派の閔氏一族を打倒して清国勢力を朝鮮から追い出すことが、金玉均たちにとって、何より急務となったのである。

しかし閔氏一派が、清国の軍事力をバックにして政権の中枢を握っている状況下で、若手の金玉均たちは、とても通常の手段では太刀打ちできない。幸い、当時の金玉均は「別《べっ》入侍《にゅうじ》」として国王の高宗に直接会うことができる特権を持ち、しかも日本の各界と太いパイプを持っていたことから、彼らは大胆な政変の計画を立てた。すなわち、漢城に駐屯している日本軍の力を借りて、閔氏一族を一掃してから、高宗を担いで政権中枢を一気に掌握する、というものである。

実は「壬午軍乱」の後、清国が朝鮮に大軍を駐屯させたのにたいし、軍乱で公使館が襲われ、多数の邦人を殺傷された日本も、邦人保護のための軍駐在を朝鮮政府に求め、受け入れられた。以来、百～二百名程度の日本軍が漢城に駐屯していたが、金玉均たちが政変を実行に移す際に、バックアップしてくれる軍事力として期待していたのが、この少数の日本兵である。

そのために、彼らはまず、政変計画への日本側の支持を取り付けなければならなかったが、これについて金玉均はかなり自信を持っていた。彼自身、数度の日本訪問で、政府中枢とそれなりの親交を結び、清国の朝鮮支配の強まりにたいして、日本側が非常に警戒していたのを知っていたこともあるだろう。とにかく金玉均は、漢城に駐在していた日本公使の竹添進一郎に働きかけて、政変計画を「支援する」との密約を取り付けることに成功したのである。

一八八四年六月、清国とフランスとの間で、ベトナム支配をめぐる清仏戦争が起きると、朝鮮に駐屯していた三千人の清国軍の半数が引き上げた。金玉均らはこれを好機と捉えて、計画実行を急いだ。

同年十二月四日、漢城の安国洞《あんこくどう》に郵便局が開局した祝賀パーティの場で、金玉均たちはクーデターを敢行した。彼らはパーティに出席した閔氏政権の高官を襲った後、日本兵百五十名と彼ら自身の動員した兵力五十名を率いて、高宗がいる景祐宮《けいゆうきゅう》を占領し、事大党の大臣たちを処断して政権を奪取した。朝鮮近代史上でいう「甲申政変」の発生である。

クーデターの翌日、金玉均らは新政府の樹立を宣言し、六日には清国との宗属関係の廃止などを訴える新政綱（政権の基本政策の綱領）を発表した。新政綱はその第一条に「大院君を早急に帰国させ、清国にたいする朝貢虚礼を廃止する」を持ってきたから、清国排除・事大党打倒の政変であることが、明確に示されていた。

もちろん閔妃一派は指をくわえて座視するわけにはいかない。政変発生の直後から、閔妃はひそかに清国軍の出動を要請した。そして金玉均たちの新政綱が発表された同じ日の午後、袁世凱を指揮官とする清国軍千五百人が出動した。それに朝鮮王朝の政府軍も加えて、クーデターに参加した最大の軍事力である日本兵への攻撃を開始した。百五十名の日本兵が三時間以上抗戦したが、やがて敗北し撤退した。

これで勝敗は決した。金玉均たちの政変はわずか三日で鎮圧され、文字通りの「三日天下」に終わった。首謀者の金玉均らは日本公使の竹添進一郎と共に、海路で脱出して日本に向かったが、その間、約三十人の日本人が殺害され、政変に加わったことで処刑された朝鮮人はさらに多かった。

以上が「甲申政変」の一部始終であるが、考えてみれば、世界のクーデター史の中でも、これほど奇妙なものはないだろう。政変を起こす側が外国軍を頼りにしていた一方で、鎮圧する側も終始、外国軍の力を借りているのである。まさしく韓民族ならではのおかしな政変劇であるが、朝鮮人同士の戦いはいつも、こうやって外国勢力を巻き込まずにはいられないのであろう。

その点について、札幌大学教授の李景珉《イギョンミン》氏が監修した『韓国の歴史』（二〇〇七年、河出書房新社）では、「外国勢力（日本）の力を借りた急進的な政変は、外国勢力（清）の介入によって挫折するべくして挫折したといえるだろう」と酷評しているが、まさしくその通りである。どこの国にせよ、他力本願の政変など真に成功するはずがない。しかし逆に言えば、外国勢力の力を借りずには政変一つ起こせないところに、近代朝鮮の悲劇の根源があるのであろう。

日本と清国にとって、この政変劇は別の意味において、たいへん重大な事件となった。近代になってから、日本と清国が初めて一戦を交えることになったからである。小規模な局地戦だったものの、東アジアの両大国が実際に軍事衝突を起こした意味はけっして小さくはない。朝鮮半島をめぐる両国の戦略的対立が、これで決定的となったからである。

李景珉監修、水野俊平著『韓国の歴史』（河出書房新社）

甲申政変における日清間の軍事衝突は、兵力の圧倒的な差によって日本側の惨敗に終わったが、大局的にみれば、老大国の清国が日々衰退していくのにたいし、新興国の日本はむしろ昇竜の勢いで富国強兵の道を突き進んでいた最中である。国力と軍事力の逆転はもはや時間の問題であったが、甲申政変を期に軍事衝突が現実のものとなった以上、東アジアの大国として、日清のどちらが勝つのか、いずれ雌雄を決しなければならなくなった。それが歴史の必然というものである。

この両国の争いに決着をつけたのが、甲申政変からちょうど十年後の日清戦争であった。そこで決定的な勝利を収めたことによって、清国の軍事力を朝鮮半島から排除し、自国の安全を確保するという、日本の悲願が達成されたのである。

日清を戦争に巻き込んで「漁夫の利」を得る朝鮮

甲申政変の時と同様、日清両国が全面戦争に突入していくきっかけを作ったのも、やはり朝鮮王朝であった。

ことの始まりは、一八九四年二月、朝鮮の全羅道で起きた「東学党の乱」と称される農民一揆である。

「東学党」とは、一八六〇年あたりから崔済愚《さいせいぐ》という人が創立した新興宗教である。それは韓国土着の民間信仰を基盤に、儒教や仏教などを取り入れて、西学（すなわちキリスト教を背景にした西洋文化と学問）に対抗しようとするものであった。

新興宗教としての「東学」は、主に農民を中心に広がり、勢力を拡大していったが、王朝によって弾圧されていく中で、徐々に反政府的傾向を強め、武装蜂起による悪政の打倒という政治目標を掲げるようになった。ちょうど全羅道の古阜《こぶ》郡で地方官僚が水税を横領する事件が起こり、それに抗議した農民が逆に逮捕されたことで、東学党に属する農民を中心とした反乱に発展したのである。

東学党の反乱軍はあっという間に数万人規模に膨らみ、全羅道に配備されていた地方軍や、中央から派遣された政府軍を各地で打ち破った。一八九四年五月末、農民軍は全羅道の道都である全州を占領した。

その時、朝鮮王朝政府は、普通の国ではとても信じ難いような行動に出た。六月三日、朝鮮政府は漢城に駐在している清国軍人の袁世凱を通じて、東学党鎮圧のための出兵を、清国政府に要請したのである。

外国勢力を自国の内紛に巻き込むのは朝鮮民族の伝統であるとはいえ、この出兵要請は実に摩訶不思議なものである。確かに農民軍は全羅道を制圧したが、それは当時の朝鮮八道の中の一地域にすぎない。これで農民一揆が、王朝の存立を脅かすような勢力になったとは言い難いのである。しかしそれでも、自国の問題を自力で解決するという考え方が端から欠如している朝鮮王朝は、真っ先に清国に出兵を要請したのであった。

人類の歴史上、政府が民衆の反乱を鎮圧することはいくらでもあったが、政府が国内のごく一部の地域の農民一揆を恐れて、まず真っ先に外国軍の力を頼んで鎮圧した例は、筆者は寡聞にして他に聞いたことがない。危機に瀕すると、とにかく外国勢力を国内に招き入れなければ気が済まないのは、まさに韓民族に病み付いた悪癖である。

朝鮮王朝の要請を受けた清国は、直ちに派兵を決めた。六月四日、北洋大臣の李鴻章《りこうしょう》は、丁汝昌（水師提督）指揮下の軍艦済遠《さいえん》、揚威《ようい》を仁川に派遣すると同時に、同八日、九百名の歩兵部隊を牙山《がざん》湾に上陸させた。朝鮮政府の出兵要請からわずか一週間という迅速な兵力展開は、朝鮮半島を軍事支配下におこうとする清国の野望の現れであろう。

その後、清国軍の上陸部隊はあっという間に二千八百人にも膨らみ、牙山、光州一帯に駐屯した。

しかし、朝鮮王朝が頼みにした清国からの出兵は、日本の明治政府からの朝鮮出兵をも招くこととなった。

これは意外なことではない。十年前の甲申政変の後、日清両国間で「天津条約」が締結され、両国のどちらかが朝鮮に派兵する際は、もう一方の国に通告しなければならないという決まりになっていた。清国政府は東学党の鎮圧に出兵した際、条約通りに日本政府に通告した。

そして清国政府からの出兵通知が届いた六月七日、その日のうちに日本政府は、公使館および朝鮮居留邦人保護という名目での出兵を、清国に通告した。

実際、清国からの通知が届く前から、日本政府はすでに出兵を決めていた。ある意味で、清国による朝鮮出兵は、日本にとって、願ってもない好機であった。前述した「壬午軍乱」以来、朝鮮半島でますます強まる清国の政治的・軍事的支配を、いかに打破するかは、日本にとっての国家的課題であり続けた。そしてこの十数年間、清国に決定的な一撃を加えて、その勢力を朝鮮半島から追い払うために、日本は富国強兵に精進して、虎視《こし》眈々《たんたん》とその時機を狙っていたのである。

こうした中で、清国がふたたび朝鮮半島に大軍を送り込んだことは、日本にとって絶好のチャンスである。もちろん、清国が東学党の鎮圧とは無関係の軍艦まで朝鮮に派遣したことは、日本にとって現実的な脅威にもなっていた。

このような事態にたいして、当時の日本政府は、いっさい躊躇うことはなかった。六月五日、日本政府は大本営を設置して広島の第五師団に動員令を下した。六月十日、一時帰国した大島圭介駐韓公使が四百二十名の陸戦隊を引き連れて仁川に上陸し、漢城へ向かった。それに続いて、大島義昌少将率いる混成旅団約六千名も上陸して、仁川一帯に駐屯した（姜在彦著・前掲書）。

三千人足らずの清国軍を圧倒する大部隊を派遣したことは、日本政府の並々ならぬ決意の現れであろう。事実、今回の事態に対処して大本営を設置した時点で、日本政府は清国との決戦を敢行するつもりであった。

日本の出兵という、予想外の事態に狼狽《ろうばい》したのは朝鮮王朝である。彼らはさっそく農民一揆との和解を模索した。一揆を沈静化させることによって、日清両国の軍隊を半島から引き上げさせる魂胆であった。六月十日、朝鮮政府は農民軍との間で「全州和約」を結び、農民軍の要求を全面的に受け入れ、休戦に応じた。

そして六月十四日、農民一揆がすでに収束したことを理由に、朝鮮政府は清国と日本の両方に撤兵を要請した。清国は直ちに応じる姿勢を示したが、日本は応じるわけにはいかなかった。ここで撤兵してしまえば、清国に一撃を加えて朝鮮半島から追い払う、絶好のチャンスを逃してしまうからである。

そこで日本政府は撤兵を拒否した上で、朝鮮政府にたいして内政改革を促す方針を決めた。長田彰文著・前掲書によると、六月二十六日、大鳥公使は朝鮮国王の高宗と会見してこれを勧告、七月十日には、内政改革案を朝鮮王朝に提出した。朝鮮政府からの回答がなかったため、大鳥公使は七月二十日、中朝間の宗属関係の廃止などを求める最後通牒を、二十二日を回答期限として朝鮮側に通達した。結局、二十二日を過ぎても朝鮮側から満足な回答がなかったため、翌二十三日、大鳥公使は清国から母国に送還され謹慎中だった大院君を擁立し、彼の命を受ける形で、混成旅団の大島少将とともに、王宮の景福宮を占拠し、親清派の閔氏勢力を一掃した。

そして七月二十五日には、漢城南西方面の豊島《ほうとう》沖で日清両国の海軍が交戦し、二十九日には日本軍が漢城南方の成歓《せいかん》、牙山を占領した。八月一日、日本政府は清国にたいして正式に宣戦を布告し、日清戦争が本格的に開戦したのである。

その後の展開は周知の通りだ。九月十五〜十六日、平壌の戦いで日本軍が清国軍を打ち破り、十七日の黄海海戦では、帝国海軍が清国の虎の子の北洋艦隊を壊滅させた。十一月に日本軍は鴨緑江を越えて清国の遼東半島に攻め入り、翌年一月には山東半島にも進軍した。そして一八九五年二月十一日、北洋艦隊は日本に降伏した。日清戦争は日本側の完勝で終わり、清国の勢力は朝鮮半島から一掃された。日本の安全保障にとっての最大の脅威が、これで一挙に取り除かれたのである。

以上は、「壬午軍乱」から日清戦争の終結に至るまでの歴史の経緯であるが、日清両大国が朝鮮半島を舞台にして戦うことになった背景には、当然、朝鮮半島をその軍事支配下におこうとする清国の帝国主義的野望と、それを極力阻止しなければならない、日本側の安全保障上の国益のぶつかり合いが存在した。つまり、日清両国間の戦略上・国益上の対立が、日清戦争の主因となったことは間違いない事実である。

しかしその一方で、日清両国が激しく対立するきっかけを作り、日清戦争の原因を作ったのも、間違いなく、両者の間に立つ朝鮮と朝鮮王朝の人々である。「壬午軍乱」で、閔妃一派が清国軍を頼みとして半島に招き入れたことが、そもそも日清間の戦略的対立を生み出した最初のきっかけであった。甲申政変の際、日本軍の力を借りて政変を起こした金玉均一派の行動と、政変鎮圧のために清国軍の出動を要請した閔氏政権の行動が衝突した結果、近代における日清両国間の最初の軍事衝突が起きた。

そして日清戦争で、朝鮮半島が両大国の決戦の舞台となったのも、結局、自国の一地方の農民一揆の鎮圧のために、清国の大軍を招き入れた朝鮮王朝の愚挙が直接のひきがねとなったのである。言ってみれば、「壬午軍乱」から日清戦争まで、日清間の対立と戦争の背後にあったのは、常に、朝鮮という国の、常軌を逸した迷走だったのである。

そういう意味では、日清両大国を、朝鮮半島を舞台とした戦争に巻き込んだのも、朝鮮であるといえなくもない。特に日本から見た場合はそうであろう。近代朝鮮が自立した独立国家として、南下する大陸国家との緩衝地帯になってくれず、清国の大軍を半島に招き入れて植民地支配を受け入れたことが、日本の安全保障に重大な脅威を与えていた以上、日本はもはや戦わざるを得なかった。日本を戦争に巻き込んだ最大の元凶は、やはり朝鮮だったのである。

日清両国を戦争に巻き込んだことで、大きな利益を得たのも、実は朝鮮の側であった。日本が多大な犠牲を払って清国と戦い、勝利したおかげで、朝鮮は清国との伝統的隷属関係から解放されたからである。

すなわち一八九五年一月七日、日本軍が清国軍と戦っている最中に、機を見るに敏な朝鮮国王の高宗は、世子や王族・各大臣を引き連れて、清国との宗属関係を廃棄したとする独立誓告文を宗廟に奉告し、全国に宣布した。

まさにこの日、朝鮮は建国以来、五百年間にわたる中国との宗属関係に、終止符を打つことが出来た。これにより朝鮮民族は、新羅以来強いられてきた中華帝国への屈従から解放されたはずである。

その意味では、一八九五年一月七日こそが、朝鮮の「独立記念日」となるべき日にふさわしい。彼らがこの日を迎えることが出来たのは、実際のところ、日本の力に負うところが大きかったのである。

ロシア大使館から生まれた「大韓帝国」

日清戦争の後で締結された下関条約で、朝鮮の清国からの独立が保証された一方で、清国は日本に二億両《テール》の賠償金を支払うと共に、台湾と遼東半島を日本に割譲することとなった。

ところが、遼東半島と隣接する満洲での利権拡大を目指している帝政ロシアが、これを妨害する行動に出た。ロシアは同盟国のフランスと、もう一国の列強であるドイツを糾合して、三国で日本への申し入れを行い、遼東半島を清国に返還するよう強く求めた。これが三国干渉である。結果は周知の通り、三国を一度に敵に回すのは得策でないと判断した日本は、やむなく受諾して、遼東半島を清国に返還した。

三国干渉は本来、朝鮮とは直接関係のない話のはずであるが、日清戦争後の朝鮮王朝の対外政策に、決定的な影響を与えることになった。強国のロシアが三国干渉に成功して日本を屈服させたことで、朝鮮は、清国に取って代わる新しい「宗主国」を見つけたからである。もちろんそれは、ロシアであった。

実は日清戦争の前、あまりにも露骨に朝鮮の内政に干渉してくる清国に対抗しようとして、朝鮮王朝は二度にわたってひそかにロシアに接近し、保護と支援を求めたことがある。一八八五年の「第一次朝露密約事件」と一八八六年の「第二次朝露密約事件」である。第二次密約事件の時、朝鮮政府は、朝鮮が第三国と紛争する場合、ロシアが軍艦派遣などの軍事的保護をしてくれるよう求める密書まで、ロシア政府に送ったが、「密約」は二回とも、未然に清国によって潰されたのであった。

そういう経緯もあったから、日清戦争の後、ロシアが三国干渉に成功して、日本よりも力のあるところを見せつけると、朝鮮王朝の政治中枢は急速にロシア一辺倒へと傾斜していった。

日清戦争後の朝鮮では、金弘集《きんこうしゅう》を総裁官とする内閣が成立し、日本がかねてから求めていた内政改革に着手し始めた。朝鮮近代史上で「甲午改革」と呼ばれるこの試みは、近代的官僚制度の導入や科挙制度の廃止、地方自治制度の導入など、朝鮮の政治制度や経済体制、地方制度などに及ぶ、全面的な改革を目指すものであった。そして第二次金弘集内閣の時には、甲申政変で日本に亡命していた朴泳孝《ぼくえいこう》という独立党の人物が呼び戻され、内務大臣として政権中枢に参画し、改革を推進する中心的な役割を果たした。

しかし日本をモデルにしたこの抜本的な改革にたいし、国王の高宗と閔妃は王朝内の守旧派側に立って、抵抗勢力となった。日清戦争の直後には、彼らは改革の後ろ盾である日本を憚《はばか》って、傍観していたが、ロシアによる三国干渉が成功して日本の影響力が低下すると、高宗と閔妃はさっそく改革潰しに動いた。

彼らはまず、「朝露密約事件」の時と同じようにロシアに接近して、改革を潰すための支援を求めた。閔妃はロシア公使のウェーバーと共謀して政権内での巻き返しを図り、親日改革派の中心人物である朴泳孝に謀反の疑いをかけて、政権から追い出すことに成功した。朴泳孝はふたたび、日本への亡命を余儀なくされた。

これで第二次金弘集内閣は一旦崩壊したが、新しく出来た第三次金弘集内閣では、改革派はほとんど排除され、ロシアをバックにした閔妃一派が、ふたたび政権を牛耳るようになった。朝鮮の近代化への大いなる一歩となるはずだった甲午改革は、こうして頓挫したのである。

その後に起きたのが、閔妃暗殺事件である。一八九五年十月、朝鮮政府が親露の守旧派の手に落ちたことに危機感を持った日本公使の三浦梧楼の主導で、日本の浪人を主力とする武装グループが朝鮮の王宮に乱入し、親露派の親玉であり、改革潰しの「主犯」である閔妃を斬殺した。

一国の王妃を暗殺する行動は、とても正当化できるものではないが、主導者の三浦梧楼にしてみれば、ロシアの朝鮮への浸透を阻止して、朝鮮の改革を継続させるためには、そうするしかないという切実な思いがあったのであろう。

事実、実行犯の一人である小早川秀雄は後になって、「もし形勢を放任して、露韓の関係を、自然の発展にまかせておけば、日本の勢力は全く半島の天地より排斥され、韓国の運命はロシアの握るところとなり、……これは単に半島の危機であるばかりか、まことに東洋の危機であり、また日本帝国の一大危機といわねばならない。この形勢の変動を眼前に見る者は、どうして憤然と決起しないでおられようか」と述懐しているが、それはおそらく、事件を起こした当時の日本人たちに共通していた思いであろう。

しかし結果的には、暗殺が発覚して世に知られたことで、国際社会と朝鮮国内の双方における日本の立場はむしろ悪くなった。これで朝鮮王朝の中の親露派はよりいっそう勢いづいて、朝鮮国内における「連俄拒日」（編集部注、俄とはロシアの意、ロシアと結んで日本を拒否するというスローガン）の気運が高まったのである。

この流れの中で起きたのが、朝鮮近代史上の一大事件となった「露館播遷《ろかんはせん》」である。「露館播遷」とは、朝鮮国王の高宗が、漢城にあるロシア公使館に移り、一年以上にわたってそこから国の政務をとったという、前代未聞の事件である。その首謀者は、朝鮮政府の中枢の親露派高官であった、李範晋《りはんしん》と李完用《りかんよう》である。一八九六年二月十一日、李範晋と李完用の二名はロシア公使のウェーバーと共謀して、仁川に停泊中のロシア軍艦から百二十名の将兵を漢城に呼び出し、ロシア兵に護送される形で、国王の高宗と世子をロシア公使館に移した。

そこで高宗は、自らの親政を宣言すると同時に、金弘集自身を含めた、金内閣の大臣五人を逆賊として、逮捕殺令を布告した。言うなれば、一国の国王が、外国の公使館から、外国の力をバックにして、自らの政府にたいするクーデターを起こしたのである。

それから一年以上にわたって、高宗はロシア公使館を拠点に「親政」を行ったが、彼の主導下で組閣された新しい内閣が、親露派によって完全に牛耳られたのはいうまでもない。その一方、親露派政権は、日本の影響下で進められてきた甲午改革のほとんどを破棄したから、朝鮮の近代化は前進するどころか、むしろ古い時代へと逆戻りしたのである。

しかし何と言っても、一国の国王が、本国の首都にある外国の公使館に住み込みながら、外国の力をバックにして親政政治を実施したとは、まさに世界史上、唯一無二の大珍事であろう。おそらく韓民族以外、どこの国のいかなる元首も、世界の笑い草となる、このような行動をするはずがない。だが、朝鮮の国王だけは恥じることも臆することもなく、平然とそれをやり遂げたのである。

もちろんその結果、ロシアの朝鮮にたいする影響力は、以前の清国以上の、絶大なものとなっていった。

一八九六年五月、「露館播遷」から三カ月後、ロシア皇帝ニコライ二世の戴冠式に、朝鮮王朝から特命全権大使が派遣された。そこでは朝鮮政府とロシアとの間で、朝鮮国王の護衛と還御《かんぎょ》（帰還）の際の安全の保障と、軍事・財政問題にたずさわるロシア人顧問の派遣、さらにロシアの借款などが合意された。この合意を受けて、同年十月には、朝鮮政府軍の編制と訓練にあたるロシア人将校と、ロシア大蔵省から派遣された財政顧問が正式に赴任した。顧問といっても事実上のボスであり、朝鮮の軍事と財政は、ロシアによって支配されることになったといって過言ではない。

このことについて、花園大学教授・姜在彦氏の前掲書では、こう指摘されている。

「帝政ロシアは日清戦争後の三国干渉を主導したばかりでなく、国王のロシア公使館への播遷を契機に、朝鮮にたいするその勢力浸透を日増しに強めた。すなわち朝鮮政府に圧力をかけて、ロシア人の軍事顧問プチャータ大佐一行および財政顧問アレキセーエフを傭聘《ようへい》させ、軍事権と財政権を掌握しようとした」

実態はまさにその通りであろう。日清戦争の結果、朝鮮はせっかく清国からの自主独立を手に入れたのに、わずか二年足らずの間に、自ら進んで、ロシアを事実上の宗主国にしてしまったのである。

拓殖大学の呉善花教授もその前掲書において、「李朝政府は、ロシアの固い防壁に守ってもらうために、自らロシアの手中に入ることを望んだのである。自主独立国家とは名ばかりの、ロシア傀儡政権へと身を落としていったのである」と酷評しているが、どこかの大国に依存してその「傀儡」となる以外に、朝鮮の国家と民族の生きる道はなかったのだろうか。

露館播遷から一年後の一八九七年二月、高宗はようやくロシア公使館から出て、慶運《けいうん》宮《きゅう》という朝鮮王朝の宮殿に移った。むろん公使館から出ても、高宗の政府はロシアの強い影響下にある「属国政権」であることに変わりはない。実際、慶運宮に移った高宗の安全を守っていたのは、依然としてロシア軍であった。

そしてこの年の十月、高宗は自ら皇帝の座について「大韓帝国」の成立を宣言した。有史以来、朝鮮民族の国家元首が初めて、かつての宗主国である中華帝国の皇帝と同じ称号を用いることになったのだ。高宗によるこの政治行動の意味は、要するに清国からの自主独立をアピールすることにあるが、実態は、虚勢を張った以外の何ものでもなかった。二年前の下関条約で、清国は朝鮮への宗主権をとっくに失っていたから、今さら清国からの「独立自主」もなかったはずである。

問題はむしろ、その時の朝鮮王朝＝大韓帝国が、清国からの「独立自主」をアピールしながら、実質的にはロシア帝国の「傀儡政権」となっていたことだ。高宗親政の朝鮮と大韓帝国が、ロシアの強い軍事的・政治的影響力下におかれていたことは明白である。

高宗がロシア公使館から出てきて作った「大韓帝国」のルーツは、まさにロシア公使館にあったといえるのである。

一進会が押し進めた日韓併合への道

露館播遷を契機に、ロシアが朝鮮半島にたいする影響力を強めていくにつれて、日本は、日清戦争以前と同じような、厳しい状況に追い込まれた。

ロシアの「傀儡政権」と化した高宗政府で、日本の朝鮮における権益が奪われていっただけでなく、朝鮮半島に深く浸透するロシアの南下戦略が、日本にとって最大の国防上の脅威となったのだ。せっかく日清戦争に勝利して、清国の勢力を朝鮮半島から追い出したのに、今度はロシアという、さらなる強敵が、ふたたび日本の隣国に手を伸ばしてきたのである。

日本はこれにより、国家と民族の存亡をかけて、もう一度戦わなければならない羽目になった。すなわち、一九〇四年二月から〇五年九月にかけての日露戦争である。前回の日清戦争と同様、朝鮮半島への影響力をめぐって戦争が起きたのである。当然のことながら、日本が戦った目的は、清国に代わって南下してきたロシアの勢力を、朝鮮半島から再度、追い出すことであった。

日露戦争の結果は周知のように、日本軍は海戦では完勝を収めたものの、中国東北部の満洲を舞台にした陸戦では、国力の限りを尽くしても、ロシア軍と五分五分の勝負しか出来なかった。

結局、アメリカの仲介によって、日本とロシアは講和を結んだ。一九〇五年九月に戦後処理として締結されたポーツマス条約で、日本は賠償金すら獲得できないまま、戦争を終結させることになった。莫大な犠牲を払って戦った結果、日本が手に入れた目に見える成果は、朝鮮と満洲からロシアの影響力を排除するのに成功したことだけである。

朝鮮にかんして、ポーツマス条約の第一条では、「ロシアは大韓帝国における日本の政治上・軍事上および経済上の利益を認め、日本の韓国に対する指導、保護および監督に対し、干渉しないこと」とある。日清戦争の後で締結された下関条約と同様、ポーツマス条約の第一条も、朝鮮半島にかんする内容となっているが、それはけっして偶然ではない。

近代に入ってから日本が戦った二つの大きな戦争は、両方とも朝鮮半島に起因し、「朝鮮問題」に決着をつけようとしたものである。

ポーツマス条約の締結によって、日本は朝鮮半島からロシア勢力を排除することが出来た。そしてかつての清国やロシアに取って代わって、朝鮮（以下では韓国と表記することとする）にたいする指導・保護および監督の権限を手に入れたことは、大きな成果であろう。

この新しい出発点に立った日韓関係の方向性は、明確である。ポーツマス条約締結の五年後、日韓両国が併合へと突き進んだのは、むしろ自然の成り行きであった。日清戦争に勝って清国を追い出したのに、気がつけばロシアによる朝鮮半島支配をふたたび許してしまった。そのことが、日本にとって大きな歴史的教訓となったのであろう。

韓国を放っておけば、悪夢のような歴史がまた繰り返されるかもしれない。日本にとって、「朝鮮問題」の完全かつ最終的な解決は、韓国そのものの併合以外にはないというのが、当時の帝国主義や植民地主義、弱肉強食の世界秩序の中で、安全保障を手に入れる鉄則だったのである。

したがって日露戦争終結直後から、日本政府は日韓併合の道へと突き進むことになったが、実はその中で、日韓併合を熱望し、併合の推進に尽力した韓国人の大集団がいたのである。

すなわち、当時の韓国における最大の民間組織であった「一進会」である。一進会というのは、**宋秉畯**《そうへいしゅん》という人が、日露戦争中に創設した民間団体だ。宋秉畯はもともと朝鮮王朝の若手官僚であり、甲申政変の後、朝鮮政府の密命を受けて、日本に亡命していた金玉均を暗殺するために来日したが、逆に説得されて金玉均の仲間となった人物だ。彼は徐々に、金玉均と同様の、朝鮮の改革を志す親日派に変身していったのである。野田平次郎という日本名を持ったのも、その時である。

日露戦争が起きると、彼は日本軍の通訳として帰国した。そして一九〇四年八月、「維新会」という政治結社を作り、直後に「一進会」と改名した。

一方で、当時の朝鮮には、昔の東学党の流れを汲む「進歩会」という民間団体があった。進歩会は「東学を再興して西学と対抗する」という東学党の基本理念を受け継いでいたから、朝鮮半島における日本とロシアの対立において、彼らは当然、「東学」の系統に

宋秉畯（大韓帝国期の親日政治家。日韓併合に協力した中心的人物）

属すると思われる日本の肩を持つことになり、ロシアに対抗する方針を取った。実際に、日露戦争中、進歩会は約五万人の人々を動員して、日本軍の鉄道敷設建設工事や弾薬の搬送などの手助けをしたという。

「親日」ということで、進歩会と一進会は理念を同じくしていたから、力を合わせて一緒にやろうという話が持ち上がってくるのも、自然の流れだった。一九〇四年十二月、二つの会が合流して、新しい一進会として再出発したのである。

会の基本理念は、日本と連携して朝鮮民族の生存と自立を守っていくというものであった。日本と連携して、ロシアを含めた西洋列強と対抗しなければ、朝鮮民族の存続が危うい。それこそ彼らの基本認識であり、切実な危機感の裏返しでもあった。

そして一進会の一番の強みは、何と言ってもその会員数の多さにある。自称は百万人であったが、呉善花氏の前掲書では、最盛期の会員数は「二十万から二十数万はあったのではないか」と推測されている。当時の韓国では、間違いなく最大規模の民間団体であった。これほど大規模な組織的活動は、まさに「民衆運動」と形容するのがふさわしい。

一進会の中心的活動の一つは、日韓の連携を積極的に推進することである。

たとえば一九〇五年十一月、第二次日韓協約が締結され、韓国の外交権が日本に接収されて、事実上の被保護国となった時、一進会は「外交権を日本政府に委任し、日本の指導保護を受け、朝鮮の独立、安定を維持せよ」という宣言書を発表して、それを後押しした。伊藤博文が朝鮮の初代統監としてソウルに赴任してきた時、南大門に「歓迎」の垂れ幕を掲げて迎えたのも、一進会である。

一九〇九年二月、一進会幹部の宋秉畯は、当時首相であった桂太郎に「合邦論」を提出して、日本と朝鮮との「合邦」、すなわち両国の合併を提言した（長田彰文著・前掲書）。「日韓合併」を最初に言い出したのは、むしろ朝鮮からである。

そして、伊藤博文が暗殺された直後の一九〇九年十二月、一進会は「百万会員」の名義において「韓日合邦」を要請する声明書を発表した。彼らはさらに、時の大韓帝国の皇帝である純宗に「合邦」を要求する上奏文を提出し、首相の李完用にも合併の請願書を送った。

翌年の八月に実現の運びとなった日韓合併は、もちろん日本政府の主導下で進められたものではあるが、韓国国内で最大規模の民間団体である、一進会のこうした動きが、合併実現に向けての大きな推進力となっていたことは否めない。日本との合併を決めた韓国の閣議で、学部大臣（文部大臣）の李容植《りようしょく》以外の全閣僚が賛成したことから見ても、日本側の単純かつ一方的な強制ではなかったことがよく分かる。

韓国国内で、一進会をはじめとする、合併にたいする積極的な支持と賛成が存在していたからこそ、二つの国の「合邦」の手続きは一気呵成《かせい》に、スムーズに運んだのであろう。

もちろん、今日の韓国人の視点からは、一進会の行動はまさに「反民族的」売国行為として断罪されるだろう。しかし、当時の韓国最大の民衆運動を代表する人物が、自国が外国によって合併されるよう、強く要求した歴史的事実は重い。

なぜなら、それはけっして一握りの「売国奴」の行為として片づけられるものではないからだ。その背後にあるのは、本書がこれまで通史的に確認してきたような、韓民族の特徴的な行動原理ではなかったか。繰り返すが、自国の問題解決のために外国勢力を巻き込むのは、彼らの不変の習性といってよい。

アメリカの朝鮮史家グレゴリー・ヘンダーソンは、著書『朝鮮の政治社会』（一九七三年、サイマル出版会）で、一進会の働きを評し、

グレゴリー・ヘンダーソン『朝鮮の政治社会』（サイマル出版会）

「事実それは、政治史上、自分の民族に対して行われた反民族主義的大衆運動として、今までになかった唯一の例である」と述べたが、まさにその通りであろう。世界広しといえど、そんなことが出来るのは、まず彼らをおいて他にはいないと考えるべきだ。

第四章
朝鮮戦争最大の「A級戦犯」は李承晩だった

朝鮮戦争とは何だったのか

一九五〇年六月に始まった朝鮮戦争は、のちのベトナム戦争と並んで、戦後のアジアが経験したもっとも悲惨な戦争の一つとして歴史に刻まれている。米中両大国を巻き込んだ国際戦争が三年間も続いた結果、米軍を中心とした国連軍、人民義勇軍と称する中国人民解放軍、韓国軍と北朝鮮の朝鮮人民軍を合わせて、約百八十万人の兵士たちが死傷した（アメリカ側推計）。そして朝鮮半島の民間人の犠牲者は、四百万人以上にも上ると推定されている。当時の半島の総人口の十三パーセント以上が、戦火の犠牲となった計算である。

だが、それほどの大きな犠牲を払った朝鮮戦争は、世界の戦史上、稀に見る「無駄な戦争」でもあった。戦端は一九五〇年六月二十五日、北朝鮮軍が南北境界線の三十八度線を越えて、南の韓国に攻め入ったことで開かれたが、一九五三年七月二十七日に休戦協定が発

金日成（朝鮮民主主義人民共和国を建国した最高指導者）

効した時も、三十八度線は依然として北朝鮮と韓国との境界線であり、以北は**金日成**政権の北朝鮮のまま、以南も**李承晩**政権の韓国で、開戦以前と何も変わらなかった。

つまり、兵士百八十万人、民間人四百万人を犠牲にしながら、三年間続いた戦争の結果、朝鮮半島の政治的分断状況は何も変わらず、開戦以前の原状に戻っただけである。

では、米中を含む各国は一体、何のために戦ったのか。犠牲となった数百万人の人々は、何のために命を落とさねばならなかったのか。さらに途方もない数の、罪もない人々が、戦火に追われ、家を焼かれ、流民化を強いられたこの戦争が、壮大な徒労であったことを知るにつけ、馬鹿馬鹿しさを通り越して、被害者の無念がひしひしと胸に迫ってくる。

しかも、当事者である南北朝鮮の国民ならいざ知らず、米中両大国は一体何のために、この戦争を戦わなければならなかったのか。おびただしい両国の若者の血が流された理由が、どこにあったのか。

李承晩（大韓民国初代大統領）

朝鮮戦争を考える時、常に私の頭に浮かぶのは、まさにこうした素朴な疑問である。

そこで、朝鮮戦争を考える上で欠かせない、重要な視点がある。

古代から現在に至るまでの朝鮮半島の歴史上、朝鮮戦争こそ最大規模の戦争であったといえよう。数百万人にも上る、この戦争の犠牲者の大半が、民間人を含む朝鮮半島の住民であったのは事実だ。しかし、よく考えてみると、韓民族にそれほどの災厄をもたらしたこの戦争の原因は、けっして他民族や他の大国が、勝手気ままに朝鮮を侵略したことにあるのではない。

すなわち、朝鮮戦争は見事なまでに、韓民族自身が起こした内戦だったのである。北朝鮮の金日成政権が、一方的に韓国に侵攻したことで戦争が始まったのは、今や朝鮮史上の常識となっている。そして、朝鮮半島に入って、血みどろの戦いを繰り広げたアメリカ軍と中国軍のいずれも、北朝鮮政府と韓国政府という、要するに韓民族自身の政府から強く要請されて、やむを得ず参戦したのである。

つまり、韓民族に史上最大の危害を加えたこの戦争は、彼ら自身が起こして、米中両大国を巻き込む形で戦われた。これこそ、朝鮮戦争を見る上で、重要な視点であろう。

とすれば、彼らは一体なぜ、自分たちの民族に、史上もっとも甚大な被害を及ぼすような戦争を始めたのか。そして、どこの誰が、米中両大国を「世紀の無駄」とも称すべき無意味な戦争に引き入れ、泥沼化させて、米中の若者たちに多量の流血を強いたのか。

つまり、韓民族と多くの外国人の若者たちが命を奪われたことについて、大きな責任を負うべき「Ａ級戦犯」とは誰だったのか。それこそが朝鮮戦争を語る上で、徹底的に追究しなければならない重要な問題の一つであり、本章で考察していく中心的なテーマである。

朝鮮戦争の考察にあたり、本書は主に下記の四冊の専門書を参考資料にする。

一冊目は、慶応義塾大学名誉教授の故・神谷不二《ふじ》氏の著作『朝鮮戦争　米中対決の原形』（一九九〇年、中公文庫、以下では「神谷著・前掲書」と表記する）である。もともと一九六六年に中央公論社から単行本として刊行された本書は、今や日本における朝鮮戦争研究の古典の一冊となっており、権威ある著作として高く評価されている。

二冊目は、仁川大学総長・韓国政治学会会長を歴任した金学俊《キムハクジュン》氏の著作『朝鮮戦争　原因・過程・休戦・影響』（二〇〇七年、論創社、以下「金学俊著・前掲書」と表記）である。韓国政治学会会長も務めた金氏が、韓国の代表的な学者の一人であることはいうまでもないが、本書は、邦訳された韓国人学者の学術書の中で、朝鮮戦争についてもっとも完全な考察と論述を行った、質の高い一冊といえよう。

三冊目は、東洋学園大学教授の朱建栄《しゅけんえい》氏の代表作『毛沢東の朝鮮戦争　中国が鴨緑江を渡るまで』（二〇〇四年、岩波現代文庫、以下「朱建栄著・前掲書」と表記）である。朱教授のこの著作は、朝鮮戦争への中国の参戦動機やそのプロセスを解明した、もっとも権威ある一冊と評価されている。本章でも「中国の参戦」を論じる時には、主に本書を参考にする。

最後の一冊は、韓国人政治学者の李春根《イチュングン》氏の著作『米国に堂々と対した大韓民国の大統領たち』（二〇一四年、統一日報社、以下「李春根著・前掲書」と表記）である。李氏は米テキサス大学大学院で政治学博士号を取り、世宗研究所研究員・韓国海洋戦略研究所研究室長・韓国経済研究院先任研究員などを歴任した、韓国の代表的な政治学者の一人である。『米国に堂々と対した大韓民国の大統領たち』という書名だけ見れば、この本は「朝鮮戦争」とは無関係のように思われるだろうが、実はそうではない。本書の約半分は朝鮮戦争を戦った韓国大統領、李承晩について書かれており、「米国に

金学俊『朝鮮戦争　原因・過程・休戦・影響』（論創社）

堂々と対した」とされる李承晩の「業績」のほとんどが、朝鮮戦争にかかわる事柄なのである。

本書の第一章では、韓国の代表的な古代史研究家である盧泰敦博士の著書を主な参考文献にしていたが、最終章の本章でも、この二人の韓国人学者の著書を主要な参考資料として拝借したい。「韓国批判」がテーマと思われる本書がなぜ、韓国人研究者の著作を好んで参考にするのか、と訝《いぶか》しく思う読者の方もいらっしゃるかもしれないが、そこには三つの理由がある。

第一は、韓国の歴史、あるいは韓民族の歴史となると、当然、韓国人学者の研究に優れたものが多い、との単純明快な理由である。

第二は、私がその著書を参考資料として選んだ韓国人研究者は、韓国を代表する学術の大家や厳格な学者ばかりなので、彼らの論述は信頼に値する、という理由である。

そして第三に、韓国の代表的な学者たちが揃って認めているような歴史的事実からも、本書の、韓民族や半島政治にたいする批判的

李春根『米国に堂々と対した大韓民国の大統領たち』（統一日報社）

な結論を、十二分に導くことが出来る、という理由である。つまり、おそらく今日の韓国人にしてみれば、断じて許せないと考えるであろう、本書の結論の数々は、むしろ韓国を代表する学者たちが著作で認めている、公認の事実から導かれるものなのである。それは、本書で展開される議論の公正性と信憑性の証明にもなるであろう。

以上の理由で、二人の韓国人学者の著作を参考文献に選ばせてもらったが、彼らを含めた、専門家の諸先生方の研究成果を検討した結果、われわれには朝鮮戦争の真実が一体どのように見えてくるのだろうか。楽しみにして頂きたい。

「民族分断」の原因を作ったのは誰なのか

朝鮮戦争が勃発するに至った前提、あるいはその不可欠な時代背景の一つに、戦争発生当時の朝鮮半島の政治的分断があることは言を俟《ま》たない。一九五〇年当時、朝鮮半島の北部は朝鮮民主主義人民共和国によって、南部は大韓民国という別の国によって、それぞれ統治されていた。このような「民族分断」こそが、戦争発生の前提となっていたのだ。

しかし、一九四五年、日本による朝鮮半島の植民地支配が終焉を迎えたことが、分断の原因ではない。この年の八月十五日、日本政府がポツダム宣言を受諾して降伏した直後から、日本の朝鮮総督府は治安維持など警察権を、朝鮮建国準備委員会に委ねて、半島全体の統治権を韓民族自身の手に返したはずである。

問題は、日本降伏の直後、外国軍が朝鮮半島に攻め入ってきたことから始まる。まず旧ソ連軍が八月十六日以降、満州から朝鮮半島に大挙して侵攻し、三十八度線以北を制圧した。それに遅れて、九月初旬にはアメリカ軍も仁川に上陸し、三十八度線以南の地域を占領下においた。三十八度線はもともと、日本降伏以前に米ソ両軍が協議した結果、両国が朝鮮に進攻・進駐した際に、衝突を避けるために引いた軍事境界線である。

日本の降伏後、米ソ両軍はこの協議に従って、三十八度線を境界にして朝鮮の北部と南部をそれぞれ占領した。それこそが、朝鮮の「民族分断」を作り出した最大の原因であり、朝鮮戦争発生の遠因ともなった。

しかし、その後の歴史の展開を詳しく見れば、朝鮮半島の「民族分断」を作り出した唯一の原因が米ソ両軍の「分割占領」であったとは、必ずしもいえない。民族分断と悲惨な戦争の直接の原因は、むしろ当時の韓民族自身によって引き起こされていたのである。

この問題にかんして、ソウルの成均館大学の李命英《リミョンヨン》教授はその著書『権力の歴史』（一九八六年、世界日報社）において、「単に米ソ両国の戦略的利害が相反したために、国土分断の悲劇があったのではない。朝鮮民族自体の内部がまず分裂していたのである」と断じていたが、その「民族内部の分裂」について、李教授はさらに次のように説明している。

「（朝鮮の）民族主義者や共産主義者はみな同じく抗日闘争をしたといいながらも、基本的な理念と路線の差異のために共同戦線を構築できなかった。それだけでなく、互いに敵対関係にあったという歴史的事実の中に、我々は一九四五年の国土分断の民族内的要因を見ることができる」

つまり李教授からみれば、戦後の分断を作り出した一因に、「民族的要因」があったことは、歴史的事実なのである。したがって、朝鮮人自身も「民族分断」に一定の責任を負うべきという議論が必然的に導かれるが、実は本書の視点からすれば、当時の朝鮮の「民族主義者」や「共産主義者」の無責任な行動こそ、「民族の分断」だけなく、朝鮮戦争をもたらした直接の要因だったのではないか、と指摘できるのである。

それは一体どういうことなのか。話は一九四五年十二月、モスクワで開かれたアメリカ・ソ連・イギリスの三国外相会議にさかのぼる。

三十八度線を境界線に南北朝鮮の分割占領を完成した後、今後の朝鮮をどうするかについて、当事者のアメリカとソ連が、第三国のイギリスを交えて開いたのが、この三国外相会議である。

第二次世界大戦中、連合国首脳が終戦後の「朝鮮問題」に初めて触れたのは、一九四三年十一月に、米・英・中三カ国首脳によって発表された、カイロ宣言である。ここでは日本の植民地支配から解放された後の朝鮮の処遇について、「三大国は朝鮮の人民の奴隷状態に留意し、やがて朝鮮を自由かつ独立のものたらしむるの決意を有す」と述べ、朝鮮独立への支援を国際的に公約した。後にソ連のスターリンも、この宣言の趣旨を認め、朝鮮の独立の保証が四大国の共通した認識となった。

金学俊著・前掲書によれば、終戦後、朝鮮半島を一定期間、米ソ英中の四大国の信託統治下におくという考えが示され、「適当な手続きと時期」を経て、朝鮮を独立させることがカイロ宣言で文書化された。この「適当な手続きと時期」という曖昧な表現が、後になって問題を発生させる元凶となったのである。

米ソ両軍による朝鮮の分割占領後、両国とも、カイロ宣言の定めにしたがって、それぞれの占領地域において軍政局や民政局を設置して「信託統治」を始めたが、一九四五年十二月十六日、今度は米・ソ・英で開かれた三国外相会議が、「信託統治」が終わった後の朝鮮の未来を決める、重要な会議となった。

会議はその初日に、「独立した朝鮮政府の樹立のための朝鮮統一行政府の創設」を議題として採択してから、協議に入った。要するに三国外相会議は当初から、朝鮮の独立だけでなく、「統一行政府の創設」による朝鮮の統一をも視野に入れていたのである。そして協議を経た十二月二十七日、三国の合意として「モスクワ協定」が発表された。朝鮮問題にかんする内容は概ね下記の通りである。
①朝鮮人が独立国家を建設できる条件を作るために、朝鮮に民主臨時政府を樹立する。②朝鮮の民主臨時政府樹立のため、米ソ占領軍司令部の代表たちで構成される共同委員会を設置する。③共同委員会は自らの提案を出し、朝鮮の民主臨時政府と協議する。④米・ソ・英・中による朝鮮の信託統治は五年間を期限とすること。
この協定で示された構想を短くまとめると、まず韓民族自身の臨時政府を設置し、一方では米ソによる共同委員会も作っておく。そして五年間の信託統治下で、臨時政府と共同委員会との「協議」によって朝鮮の独立と統一を実現させていく、というものである。その際、臨時政府がきちんと設置できるかどうか、米ソの共同委員会がうまく機能するかどうかが、この「朝鮮統一構想」を実現させる前提条件となっていた。

もちろん、米ソのこの構想が実現して、手続きにしたがって独立と統一を勝ち取っていくことこそ、韓民族の本来の悲願を達成する、もっとも現実的な道だったわけであるから、彼らは双手を挙げて歓迎すべきだったのだ。

しかし、朝鮮の独立と統一を目指すこの協定の内容にたいして、真っ先に反対の声を上げたのが当の韓民族であったことを、彼らを「解放」したはずの、米ソを含めた外国人の誰が予測できたであろうか。

当時、米ソ両国の信託統治下の南北朝鮮の政治状況は、以下のようになっていた。

ソ連統治下の朝鮮北部では、まず一九四五年十月、共産主義者によって「朝鮮共産党北部朝鮮分局」が組織された。主要メンバーには、中国共産党の指導下にあった「延安派」、ソ連国籍を持つ「ソ連派」の共産党員や、中国の満洲でいわゆる「抗日闘争」に参加した後、ソ連に逃げて、ソ連極東軍の指揮下に入った「満洲派」の人々がいた。彼らはソ連軍の北朝鮮占領の直後、朝鮮に送り込まれた、ソ連の影響下にある人物ばかりであった。

その中心人物こそ、満洲で中国共産党員として活動した後、ソ連へ行き、ソ連極東軍の将校となった金日成である。彼は一九四五年十二月に開かれた朝鮮共産党北部朝鮮分局第三次拡大執行委員会で「責任書記」に就任したため、その後の北朝鮮共産党政権は「金日成政権」となった。

一方、アメリカ統治下の朝鮮南部では、状況はやや複雑であった。一九四五年八月十五日の日本降伏直後から、**呂運亨**《ろうんきょう》という左翼民族主義者が中心となって、ソウルに朝鮮建国準備委員会を作り、日本総督府と協力しながら治安維持にあたった。この年の九月、米軍がソウルを含めた朝鮮半島南部を占領下におくと、呂運亨たちは直ちに朝鮮人民共和国の樹立を宣言した。

しかしそれと同時に、呂運亨らと対立する右翼民族主義者の宋鎮《そうちん》禹《う》が、韓国民主党を樹立し、戦時中に中国で設立された「大韓民国臨時政府」こそが、正統な政府であると主張した。前述の李命英教授のいう「民族の分裂」が、まさにここから始まったのである。

宋鎮禹はさらに、左派の呂運亨と建国準備委員会を中傷する情報を、アメリカ民政局に流した。その結果、アメリカ側は呂運亨らに強い警戒心を持ち、彼らの「樹立」した朝鮮人民共和国をいっさい認めようとしなかった。韓民族の足を引っ張るのはいつも彼ら自身

呂運亨（朝鮮独立運動家、政治家で連合軍軍政期に暗殺される）

であるが、この場合も、民族の未来がまさに決められていく肝心な時に、彼らが真っ先に熱中したのはやはり、お互いの足を引っ張り合う内ゲバの死闘であった。

その後、宋鎮禹らが「正統」を主張する、大韓民国臨時政府の主席である**金九**《きんきゅう》が、中国の重慶から帰国して、ソウルに入った。さらに臨時政府のもう一人の主要人物である李承晩が、滞在先のアメリカから帰国した。この二人とも「反共右派」の立場の民族主義者であるから、アメリカ軍政局は、左派の呂運亨よりも彼らを信頼して、支持する方向へと傾いた。

しかし米軍政局が予測しなかったことは、アメリカも参加した「モスクワ協定」にたいして、猛烈に反対したのがこの右派グループの人々であったことだ。最大の反対理由は、協定で定められた五年間の「信託統治」が「民族に対する侮辱」であるというもので、彼らは、モスクワ協定全体にたいしても否定的な態度を取った。

右派勢力は李承晩・金九を中心に「非常国民会議」を招集して、

金九（大韓民国臨時政府主席、李承晩と対立して暗殺）

いわゆる「反信託統治運動」を展開していった。一九四五年十二月三十一日、ソウルの東大門運動場で反信託（反託）決起大会が開かれると、ソウル市内の商店はほとんどが店を閉め、大きな人波が作られたという。

逆に、信託統治とモスクワ協定に賛成する立場をとったのは、アメリカ軍政局から嫌われていた呂運亨ら左派グループであった。呂運亨は朝鮮南部で活動する共産党の朴憲永《ぼくけんえい》らと連携して、「民主主義民族戦線」を結成し、「反信託運動」に対抗した。こうして、モスクワ協定を受け入れるべきかどうかを最大の争点に、同じ民族同士が左右両派に分かれて、暴力を伴う激しい政治闘争を展開していくことになってしまったのである。

金学俊著・前掲書はその時の様子について、「この左右闘争は、理念闘争に権力闘争が結合して、激烈なテロリズムが動員され、時には事実上、内戦に近い様相さえ見せた」と記しているが、モスクワ協定が目指した朝鮮の「独立と統一」が実現する前から、彼ら自身の「内戦」がすでに始まっていた状況だったのである。

こうなると、モスクワ協定の当事国である米ソにとって、もはや、「朝鮮の独立と統一」を語るどころの情勢ではなくなった。一九四六年三月二十日から五月八日まで、協定にしたがって第一次米ソ共同委員会がソウルで開かれたが、会議は最初から最後まで、韓民族同士のいがみあいと権力闘争に翻弄される形で進んだ。

当時、米ソ両国は朝鮮民主臨時政府の樹立を優先課題としながらも、ソ連が臨時政府から李承晩・金九などの右派勢力を排除するよう主張したのにたいし、アメリカは逆に、左派勢力による臨時政府支配を阻止しなければならないとの立場をとった。つまり、共同委員会の本来の議題である「朝鮮の独立と統一」に入る前に、米ソ両国はまず、韓民族内部の争いである左派勢力と右派勢力にどう対処するかで対立し、紛糾する羽目に陥った。

その結果、米ソ共同委員会は半歩も前進できぬまま、五月八日に無期限休会状態に入ったのである。金学俊著・前掲書の言葉を借りれば、この五月八日こそが、朝鮮のその後にとっての「決定的な分水嶺」となったが、共同委員会が何の成果も上げられずに休会状態になったことは、朝鮮に独立と統一をもたらす最大の機会が失われたことを意味する。

もちろん、この機会を潰したのが韓民族の内紛であることは明らかだ。前述の李命英教授が、朝鮮の「国土分断の悲劇」を作り出した要因の一つとして「民族の分裂」を指摘していたのは、まさに慧眼というべきではないか。

最初から戦争するつもりだった金日成と李承晩

モスクワ協定に基づく朝鮮統一の実現が遠ざかると、北と南朝鮮の両方で「単独政権」樹立の動きが加速することとなった。

まず北朝鮮の方では、一九四六年二月に北朝鮮臨時人民委員会が組織され、金日成が委員長に収まった。臨時人民委員会は樹立早々、北朝鮮全土で土地改革の実施に手をつけるなど、政権としての政策を施行していった。この年の七月二十二日、「北朝鮮民主主義民族統一戦線」が結成。そして八月になると、金日成を責任書記とする「朝鮮共産党北部朝鮮分局」が他の左派政党を吸収する形で、北朝鮮労働党が結成されたのである。朝鮮共産党の一分局が「北朝鮮労働党」に昇格したことは、北朝鮮単独での政権党が結成されたことを意味する。北における単独政権誕生の基盤が、これで出来上がったのである。翌年二月、「最高立法機関」として、北朝鮮人民会議が設置された。この人民会議で、北朝鮮臨時人民委員会の「臨時」という用語を取った、正式な北朝鮮人民委員会を選出した。金日成を委員長とするこの人民委員会の誕生をもって、北朝鮮の事実上の単独政府が成立したことになる。一九四七年二月十九日の「平壌放送」が、「北朝鮮人民委員会は、北朝鮮における人民政府の最高機関である」と宣言した時点で、金日成政権は正式なスタートを切ったのである。

北朝鮮における単独政権樹立の最大の推進役は、金日成その人であった。一九四六年二月に北朝鮮臨時人民委員会が組織された時、金日成は会議の演説で「北朝鮮における中央政治機構の不在が、北朝鮮の政治・経済・文化の計画的で統一された発展を妨げる主要な障害である」と力説し、「祖国が統一されるまで、そのような中央政治機構として、北朝鮮臨時人民委員会を構成することが緊急に必要である」と強調した。

この演説内容からも、金日成がどれほど単独政権の樹立を熱望していたかがよく分かるだろう。それもそのはず、北単独であっても政権さえ樹立すれば、彼自身が「王様」になれるからである。

しかし同じ演説において、彼が「祖国の統一」に言及したことは、実に奇妙な印象を受ける。北朝鮮だけで単独政権樹立を目指すというなら、普通に考えれば、この時点で「祖国統一」を断念したか、最初から「統一」を考えていなかったかのどちらかになるはずだ。北朝鮮の単独政権樹立を急ぎながら「祖国統一」を口にするとはどういうことなのか、という論理上の疑問が、当然、生じてくるのである。

その演説で同時に、金日成はもう一つの政策を持ち出している。すなわち、「民主基地建設論」である。これは、北朝鮮を「民主基地＝共産基地」として建設してから、「基地」として利用しつつ、全朝鮮の統一を図る、という意味合いを持つ。

これにかんして、金学俊著・前掲書はこう指摘する。「ここにおいて強調すべき点は、金日成はこの時点ですでに、南朝鮮が北朝鮮によって『解放』されるべき対象であることを前提に、南朝鮮の共産化のための前哨基地として北朝鮮を位置づけたのちに、これを『民主基地』という名前で象徴化したという事実である」。つまり、「民主基地」という名前は、単なる綺麗ごとの「象徴化」にすぎないが、金日成の本音と狙いはむしろ、北朝鮮を「基地」にして南朝鮮を「解放」する、ということなのである。

もちろん、その「解放」の手段には、戦争も含まれていたであろう。というよりもむしろ、戦争こそが「解放」のもっとも現実的な手段として考えられていたはずである。戦争を考えていたからこそ、「基地」としての単独政権が必要とされたのである。

つまり北朝鮮で単独政権を作ろうとした時点で、金日成と彼の政権はすでに、南朝鮮にたいする戦争の発動を視野に入れていたのである。「民主基地」として位置づけられた北朝鮮という国家は、ある意味では最初から、南朝鮮にたいして統一戦争をするという使命を、必然的に負っていたのである。それは実に驚くべきことであろう。第二次大戦がやっと終わって、韓民族が一国としての独立と平和をようやく獲得できる道が開けた矢先に、そして諸大国が朝鮮の独立を認め、統一への道筋を模索していた最中に、北朝鮮の政治指導者である金日成は、同じ民族の南朝鮮に戦争を仕掛けることを、すでに考えていたのだ。

韓民族自身に史上最大の危害をもたらした、朝鮮戦争の「悪魔のささやき」は、まさに金日成の心の中から始まったのであろう。

その一方、南朝鮮においてどういうことが起きていたかといえば、ここでもまた、戦争の火種をまくに等しい、単独政権樹立の動きが始まっていた。

この動きを主導していたのは、南朝鮮における右派勢力の代表者となった、李承晩である。彼は一九四六年六月三日、全羅北道井邑《いむら》郡で行った有名な「井邑演説」で、「南朝鮮だけでも臨時政府または臨時委員会のようなものを組織しなければならない」と主張した。彼は、北朝鮮ですでに「臨時人民委員会」が組織されたことを理由に、南朝鮮での単独政府樹立論を展開したのである。

この年の十二月、李承晩はマッカーサーの支援でアメリカに渡り、米国政府や国連にたいしても「南朝鮮だけでも単独政府を樹立すべき」と強く訴え、「国連による朝鮮問題の解決」を初めて公式に提議した。そして翌一九四七年から、彼は大韓独立促成国民会を中心に、単独政府樹立の国民運動を展開していった。

こうした中で、北朝鮮における単独政権樹立の動きにも刺激された形で、アメリカ軍政庁は李承晩に歩み寄り、南朝鮮での単独政権樹立論に同調するようになった。一九四六年十二月に「南朝鮮過渡立法議院」を発足させたのに続き、翌年六月に軍政庁そのものが「南朝鮮過渡政府」に改編された。そして、南朝鮮過渡立法議院の議長と南朝鮮過渡政府の行政官の両方に、韓民族が選出された。

このように、南朝鮮においても単独政権樹立へと、着々と進んでいくことになったが、他方で、南における単独政権樹立論の提唱者である彼が、いわば「北進統一論者」でもあったことは見逃せない。前述したように、彼が初めて「単独政府樹立論」をぶち上げたのは四六年六月三日の「井邑演説」であったが、まさにこの同じ演説の中で、李承晩は「南朝鮮で単独政権を作ってから、軍備を整えて北伐を敢行すべきだ」とも主張していたからである。後に韓国の大統領になってからも、彼は国家元首として「韓国政府は武力によっても北朝鮮にたいする主権を回復する権限を有する」と宣言したから、軍事力によって北朝鮮を統一するという考え方は、「単独政権論者」に共通するものだといえる。

だが、李承晩の考え方が論理的に奇妙なのは、前述した金日成とまったく同じである。「祖国の統一」を大事にするなら、最初から単独政権の樹立を目指すべきではなく、民主臨時政府に参加するのが通常の思考であろうが、彼の場合、単独政権の樹立を唱えつつ、同時に「北伐」による祖国統一も、政策目標として目指そうとしていたわけである。

もちろん、前述した金日成の場合と同様に、この論理は当然、「自分の政府による祖国統一こそ、単独政権の求める究極な政治的目標だ」ということに帰着する。

そして、この政策目標を実現するための手段について、李承晩は金日成よりもさらに明確に、「武力による北伐」であると公言していたのである。

考えてみれば、実に不思議なことである。金日成と李承晩、それぞれ北朝鮮と南朝鮮の指導者となった、この二人の人物は、出自も経歴も政治的背景もまったく異なっていたはずである。かたや中国共産党とソ連共産党によって鍛えられたバリバリの共産主義者で、もう一人はアメリカで長く生活した「民主主義者」であり、ハーバード大学で教育を受けたインテリのはずである。しかし、政治的指導者として韓民族の未来をどう作っていくかを考えた時、この二人の考え方と方法論は、まったくと言ってよいほど一致してしまうのだ。両者とも、単独政権の樹立を通して権力を掌握した後、武力をもって相手を倒し、相手の政府を潰して統一を成し遂げようと考えていたからである。

北朝鮮と南朝鮮で、それぞれ単独政権が出来る前から、「戦争の悪魔」が、すでにこの両指導者の心の中に棲み着いていた。こうして作られた二つの単独政権は、当初から、お互いに戦争を仕掛けるために出来たようなものである。

両方ともやる気満々だった以上、朝鮮半島で戦争が起きないはずがない。

ここで注意しなければならないのは、共産主義者の金日成だから好戦的であるとか、朝鮮を再建する米ソ間の協力が失敗したから戦争になった、というレベルの話ではない点である。共産主義者の金日成と同じように、民主主義者であるはずの李承晩も、最初から戦争をやりたくて仕方がなかったのである。この二人を政治指導者として代表に据えていたことが、韓民族全体の問題点を象徴している。彼ら自身が一戦を交えたくて仕方がなかったからこそ、のちの朝鮮戦争は起こるべくして起こったといえるであろう。

「朝鮮の独立と統一」を討議する米ソ共同委員会は、一九四七年五月二十一日から第二次会合を始めたが、もはや会議をする意味はなかった。出口のない議論が延々と繰り返された後、八月十二日をもって完全に決裂した。

そこから、南北の単独政府樹立の動きは一気に進んだ。

北では一九四七年二月、事実上の政府である北朝鮮人民委員会が結成されたことは前述したが、その一年後の一九四八年二月、北朝鮮労働党指導下の朝鮮人民軍が創設された。自前の軍隊を持つ政権はもはや政府というしかない。北の金日成政権はこれで完全に国家としての形を整えた。

一方の南朝鮮でも、一九四八年五月、国連臨時朝鮮委員団の監視の下で、南だけの国政選挙が実施され、李承晩を中心とした右派勢力が議席の多数を占めた。七月には大韓民国憲法が制定・交付され、国会議員の間接選挙による大統領選も行われた。李承晩はここで、大韓民国の初代大統領に選出された。かくして一九四八年八月十五日、大韓民国が成立した。韓国の指導者たちはもちろん、自分たちの政府こそ朝鮮半島における「唯一の合法政権」だと宣言し、北朝鮮の政権を完全に否定した。

南のこうした動きにたいし、すでに政権の実体を整えていた北朝鮮は、さっそく反応した。同じ一九四八年の九月九日、朝鮮民主主義人民共和国の建国が宣言された。「共和国」の初代首相になったのは、もちろん金日成である。南と同様、北朝鮮も自分たちこそ「唯一の合法政府」であると主張し、大韓民国を完全に否定する態度を取った。

このようにして、朝鮮半島の北と南で、互いを否定し、敵視し合う二つの国が出来上がった。そして前述のように、この両国とも、「祖国統一」の目標を掲げて、武力で相手を併合することを国策としていた。

朝鮮半島での戦争勃発は、もはや時間の問題だったのである。

朝鮮戦争はこうして始まった。

同じ民族を分断する北朝鮮と韓国という二つの国が成立し、いずれも相手国の存在を認めず、武力をもって「祖国統一」を図る政策を国是として掲げていた中で、戦争の準備を着実に進めることが出来たのは、北朝鮮の方であった。

共産党（労働党）独裁政権の下、北朝鮮は内部の反対勢力を根こそぎ撲滅し、経済の社会主義化を迅速に推進することができた。これにより、金日成は、全体主義的な「挙国一致体制」を作り上げることにまず成功したが、この体制はそのまま、「戦争のできる」体制でもあった。加えて、日本の植民地時代に作り上げられた産業基盤の大半が北朝鮮に残されていたこともまた、金日成に有利な戦争準備の基盤となった。

一方の南朝鮮では、韓国建国に前後して、国内の混乱が続いた。たとえば一九四八年四月三日、済州島で共産主義者と多くの住民が武装蜂起し、官庁や警察署を襲う事件が起きたが、それにたいする政府の鎮圧作戦が完了したのは、一九五四年になってからのことである。あるいは一九四八年十月十九日、全羅南道麗水《れいすい》市に駐屯していた韓国軍部隊による大規模な反乱事件も起きた。反乱軍は一時、麗水と、隣の順天郡一帯を支配下においた。

こうした内乱が続く中で、政権基盤が極めて不安定になった李承晩は、口では「北進統一」を叫んでも、北朝鮮にたいする本格的な軍事行動を起こすのはとても無理な状況であった。しかしそれでも、李承晩政権はアメリカに軍事援助を盛んに求めて、軍備増強を進めようとした。彼はまた、北朝鮮の国土となっている平安南北道や咸鏡《かんきょう》南北道などの五道を「管轄」する道庁を設置し、道知事まで任命して、北朝鮮にたいする挑発を続けた。

こうした韓国側の動きに刺激された北朝鮮は、よりいっそう強い決意で、軍備の拡大と政治体制の強化を図り、戦争準備を着々と進めた。一九四九年三月、首相となった金日成は、ソ連を訪問、スターリンと会談した。そこで金日成は、北朝鮮の軍将校の養成や戦力増強へのソ連の支援を要請し、スターリンに受け入れられた。それに続くソ連のブルガーニン国防相との会談では、金日成はさらに、砲兵旅団や機械化連隊の創設への支援を求めた。これは当然のことながら、韓国への先制攻撃を念頭に置いた軍備である。

その時点で、北朝鮮にとって戦争を仕掛ける上での最大の障害は、終戦以来、南朝鮮に駐屯しているアメリカ軍であった。しかし一九四九年六月、アメリカ軍は五百名の軍事顧問団を残して、韓国から撤兵した。翌一九五〇年一月十二日、米国のアチソン国務長官は、ワシントンで演説し、「アメリカが責任を持つ防衛ラインは、フィリピン―沖縄―日本―アリューシャン列島までである」と発言したが、この防衛ラインから朝鮮半島が除外されていることが注目された。北朝鮮はこの発言を、アメリカが韓国の防衛から手を引くメッセージと理解した。

これで南侵の最大の障害は「自動的に」消えたが、次に金日成が全力を挙げて取り組んだ仕事は、後ろ盾のソ連から軍事行動を開始する許可を得て、戦争遂行への継続的な支援の約束を取り付けることである。金学俊著・前掲書の記述によると、スターリンから許可を得るために、金日成は一九五〇年三月に、再度モスクワを訪問した。韓国攻撃への承認を執拗に求めたのである。そこでスターリンは、金日成の南侵計画に原則的に同意を与えたものの、一つ大きな心配があった。万が一アメリカが軍事介入してきた場合、ソ連もアメリカとの戦争に巻き込まれてしまうのではないか、ということである。

そこでスターリンは、南侵計画実行の前提条件として、金日成に一つの要求を突きつけた。金日成はまず、中国共産党政権からの了承と支援の約束を取り付けるべきだ、としたのである。

中国共産党が国民党との内戦に勝ち抜いて、全国政権を樹立したのは、その直前の一九四九年十月のことである。建国後の中華人民共和国は、さっそくソ連と同盟を結び、ソ連を中心とした当時の「社会主義陣営」の仲間入りをした。共産国家の北朝鮮もこの陣営の一員であるから、中国と北朝鮮はいわば、ソ連傘下の「子分同士」となった。

スターリンは金日成にたいして、「中国からの承認と支援」を開戦の条件として要求した。その思惑は、アメリカが北朝鮮の「統一戦争」に介入してきて収拾がつかなくなった時、その「尻拭い役」を中国に押しつけることであろう。もちろん、その後の事態の推移を知っているわれわれから見れば、スターリンの判断は実に「賢明」なものであった。

スターリンの要求を受けた金日成は、一九五〇年五月十三日に北京を訪問。中国共産党最高指導者の**毛沢東**と、二度にわたって会談、武力南侵への承認を求めた。朱建栄著・前掲書によれば、一回目の会談で金日成は、スターリンがその武力統一計画に同意を与えたこと、実施可能な計画であることを強調し、毛沢東の承認を取り付けようとした。

それにたいして毛沢東は、最初から難色を示した。金日成は「スターリンが同意した」と強調してたたみかけ、いわば「スターリン・カード」を使って毛沢東に同意を迫る一方、「われわれは中国からのいかなる助けも要らない」と言って、毛沢東を安心させようとした。しかしそれでも、一回目の会談では、金日成は毛沢東からの賛意と支援の約束を取り付けることが出来なかった。

翌日の五月十四日、二回目の会談が行われた。朱建栄著・前掲書によると、毛沢東はこの会談では、先日の態度とは打って変わって、「朝鮮の統一問題がモスクワで承認された以上、朝鮮の統一を先に実現することに同意する」と述べて、ようやく「同意」という言葉を口にした。もちろんそれは、〝モスクワで承認された以上、われわれも反対できない〟といった消極的な「承認」であったことは明らかだ。そして金日成が求めた中国からの支援にかんして、毛沢東は次のように述べたという。

「われわれは鴨緑江（筆者注、中朝の国境となる川）にそって三個軍団を配置するつもりだ。帝国主義が干渉しなければ、妨げにならない。帝国主義が干渉しても三十八度線を越えなければわれわれは干与しない。しかし三十八度線を越えればわれわれは必ず軍隊を送る」

毛沢東のこの発言は、中国が金日成の発動する戦争に「関与」するかしないかの基準線を、明確に示したものである。すなわち、もし帝国主義（＝アメリカ）が戦争に介入してきた場合、米軍が三十八度線を越えて北に侵攻してこない限り、中国はいっさい手を出さないが、越えてきたら必ず軍を送って参戦する、ということである。

逆に言えば、その発言の意味するところは、アメリカ軍が参戦しても、三十八度線さえ越えなければ、中国は北朝鮮にたいする直接の軍事支援はしない、という態度表明であった。その時点では、毛沢東はけっして、北朝鮮への全面支援を約束したわけではない。

しかし、毛沢東のこの態度表明にたいする、金日成の「理解」や「解釈」はまったく異なっていた。翌日、会談に参加した北朝鮮外相の朴憲永は、金日成の意向を受けて、会談内容についての報告をモスクワに送ったが、その中で朴憲永は、何と、「毛沢東は全面的に賛意を表し、万が一米軍が参戦すれば、中国は北朝鮮に軍隊を送って支援するだろう」という主旨の報告をしたという。

ここで金日成と朴憲永は、明らかに嘘をついて、ソ連を欺く報告

毛沢東（中国共産党の最高指導者、国共内戦に勝ち中華人民共和国を建国）

を行ったのである。彼らは毛沢東の消極的な承認を「全面的賛意」と歪曲した上で、「米軍が三十八度線を越えてきたら」という明確な前提条件をつけた毛沢東の「出兵の約束」の、肝心の部分を隠蔽して、「中国が軍を送って支援する」という嘘の報告をモスクワに送った。

こうして金日成たちは、「中国側から全面的な賛成を得て、戦争支援の約束を取り付けた」と、胸を張ってスターリンに報告した。欺瞞《ぎまん》という卑劣な手段まで使って、彼らはとうとう、韓国にたいする軍事攻撃への最終承認を、スターリンから得ることに成功したのであった。それはもちろん、金日成がソ連と中国という二つの大国を、自らが引き起こす戦争に巻き込むのに成功したことを意味する。

本書においてわれわれは、朝鮮民族が、自らの内紛に外国勢力を巻き込むことに、いかに長けているかを繰り返し見てきたが、金日成という北朝鮮の「建国の父」もまた、この民族の「伝統芸」を見事に実演してみせたわけだ。Aの話を歪曲してBを騙すという、三流以下の詐欺師の手法を使って、スターリンと毛沢東という二十世紀屈指の大独裁者を、てのひらの上に乗せて翻弄したのである。

北朝鮮はこれで、統一戦争の準備工作をやり遂げた。後に残されたのは、いつ侵攻を開始するかというスケジュールの問題だけだったが、金日成の北京訪問の翌月、六月二十五日に、いよいよ全面戦争の火蓋が切って落とされたのである。

三カ月で終わったはずの朝鮮戦争

一九五〇年六月二十五日、北朝鮮軍は韓国にたいする組織的な軍事攻撃を開始、三十八度線を一挙に越えて、韓国領内に侵入した。不意打ちを受けた韓国軍は、一応抵抗してみせたが、圧倒的な武力を持つ北朝鮮軍を前に、敗退を続けた。開戦わずか三日後の六月二十八日、首都のソウルが陥落し、李承晩大統領以下、韓国政府は南へ南へと逃げていった。そして八月二十日までに、北朝鮮軍は南朝鮮の九〇％以上の地域を支配下においた。北朝鮮の「祖国統一戦争」は、完勝に終わろうとしていた。

韓国にとって救いだったのは、アメリカと国連が迅速に対応したことだ。アメリカ東部時間の六月二十四日夜、北朝鮮の南侵開始の一報をうけた米国のトルーマン大統領は、ただちに国連安全保障理事会の開会を要請した。六月二十七日に開かれた国連安保理は、アメリカの主導で、北朝鮮の行為を「侵略」と認定し、「軍事攻撃を撃退して、当該地域の国際平和と安全を回復するのに必要な援助を韓国に提供する」との決議を採択した。それを受けて、六月二十九日に開かれたアメリカの国家安全保障会議で、トルーマン大統領は「私は北朝鮮軍を三十八度線のむこうへ押し返すのに必要な、あらゆる措置をとりたい」と述べ、アメリカの出兵を宣言した。六月三十日、トルーマン大統領は東京駐在の連合国軍最高司令官、マッカーサーに軍出動の命令を出し、翌七月一日、駐日米軍第二十四師団傘下の部隊が釜山に上陸した。アメリカ軍の軍事介入が始まったのである。

上陸した米軍は、残存の韓国軍と連携して、苦戦しながら、何とか釜山という最後の砦を守り抜き、反転攻撃のチャンスをうかがっていた。

そして七月七日、国連安保理は、「国連軍」の派遣を容認する新しい決議を採択した。それ以来、米軍を中心にした国連軍が続々と釜山から上陸し、北朝鮮軍の攻勢を食い止めることに成功した。さらに九月十五日、国連軍がソウル近郊の仁川に上陸作戦を敢行したことで、戦況は一変。上陸部隊によって、南侵した北朝鮮軍の補給線が断たれ、仁川と釜山の、南北両側からの国連軍の挟み撃ちに遭うと、北朝鮮軍は総崩れとなった。九月二十八日、国連軍はソウルを奪還することに成功した。

ソウルを奪還すれば、三十八度線はもはや目の前だから、六月の攻撃開始から三カ月のこの時点で、南侵した北朝鮮軍は、ほぼ完全に撃退されたのである。

まさにその時、朝鮮戦争は、最大の曲がり角を迎えていたといってよい。国連軍派遣が決定されるまでの一連の国連決議の趣旨と、アメリカが出兵した最初の目的からすれば、ソウルを奪還して北朝鮮軍を韓国領内からほぼ一掃できたこの時点で、開戦以前の原状はほぼ回復されたのであり、国連軍の参戦目的はすでに達成されたはずである。つまり、朝鮮戦争はこの時点で、終了すべきだったのだ。

北朝鮮の侵攻開始直後の六月二十九日、トルーマン米大統領がアメリカの国家安全保障会議を開き、米軍の出兵を決定したことは前述したが、この会議で、大統領は次のような発言をしている。

「私は、北朝鮮軍を三十八度線のむこうへ押し返すのに必要な、あらゆる措置をとりたい。けれども、われわれが朝鮮に深く介入するあまり、朝鮮以外で起こるかもしれない同様の事態を扱いかねることにならないように、ということを確認しておきたい。……三十八度線以北での作戦は、軍需品の集積地を破壊するためにのみ企てられるべきである。なぜならば、われわれの朝鮮における作戦は、そこに平和を回復し、（南北朝鮮の）境界を回復するために企てられたものであることを、明瞭に理解させたいからである」と。

ここでトルーマン大統領は、朝鮮戦争に参戦するアメリカ軍の達成すべき目標と、その軍事行動の踏み止まるべき一線を、明確に規定した。つまり米軍の目的は、あくまでも北朝鮮によって侵犯された韓国領内の「平和」を回復することであり、そのためには、「南朝鮮の境界」、すなわち三十八度線の境界線を回復すればそれでよい。その目的のために、それ以北の軍需品の集積地の破壊はしてもかまわないが、三十八度線を越えて本格的な軍事侵攻はしてはならない、というのが、トルーマン大統領の示した方針だったのである。

これにかんして、神谷不二教授も、前掲書において「朝鮮戦争におけるアメリカの戦争目的は、最初は明確に限定的なものであった」と指摘した上で、限定された目的とはすなわち、「北朝鮮軍を三十八度線まで撃退する」ことだと述べていた。

また、同じ神谷著・前掲書によれば、アメリカだけでなく、国連安保理も同じ方針であったという。六月二十七日の国連安保理決議が「国際平和とこの地域における安全保障を回復するのに必要な援助を韓国にあたえるよう勧告する」と述べて、米軍の朝鮮出兵に「お墨付き」を与えたことは前述したが、そこでの「当該地域の国際平和と安全の回復」とは、当然ながら、韓国領内の平和と安全の回復を指しており、開戦以前の原状回復こそが、この決議の趣旨だったのである。

こうして見ると、アメリカ政府も国連も、当初は、米軍を中心とした国連軍の活動範囲を、北朝鮮によって侵犯された韓国領内に限定していたことがよく分かる。米軍と国連軍は本来、三十八度線を越えてはならなかったし、北進するつもりもなかったのである。

もし、米軍とそれ以外の国連軍が、米国政府と国連決議の精神に基づいて、一九五〇年九月二十八日のソウル奪還直後に軍事行動を停止していれば、朝鮮戦争はこの時点で早めに終わったはずである。その時の北朝鮮軍は、韓国領内からはすでに全面敗退の状態にあって、ふたたび三十八度線を越えて米軍中心の国連軍に反撃する力はもはやなかった。国連軍が戦闘を止めれば、その時点で戦争を終わらせることができたはずだ。そして、米軍を中心とする国連軍がしばらく韓国に駐屯していれば、韓国の平和と安全はいち早く回復できただろう。

つまり、事態がもしこの通りに推移していれば、北朝鮮によって引き起こされた朝鮮戦争は、開戦からわずか三カ月で終わっていたはずなのである。むろんそうなれば、戦争の被害も、より軽微かつ小規模なものに留まったはずである。

しかし周知のように、その後の朝鮮戦争の現実は、まったく違う展開を見せた。米国政府と国連の当初の方針に反し、国連軍は三十八度線を越えて、北朝鮮領内への全面進攻を開始した。ソウル奪還のわずか三日後の十月一日、国連軍の一部となった韓国軍がまず三十八度線を突破し、北朝鮮に侵入した。それに続いて十月七～九日、アメリカ軍を中心とした国連軍も、大挙して三十八度線を越え、進撃を開始したのである。

十月二十日には、国連軍が、北朝鮮の首都である平壌を占領した。そして十月二十六日、韓国軍の先頭部隊が中朝国境の鴨緑江にまで達した。これで国連軍は、朝鮮半島全土をほぼ制圧したのである。しかし三十八度線突破によって、朝鮮戦争は暗転することとなった。十月十九日、中国人民志願軍と称する中国共産党軍の大部隊が、極秘裡に鴨緑江を渡って、北朝鮮に進入した。隣の大国の中国が、アメリカ軍を中心とする国連軍を相手に、朝鮮戦争に参戦してきたのである。

中国が参戦した理由

歴史を振り返ってみれば、この十月十九日こそ、朝鮮戦争の被害が朝鮮史上最大規模に拡大していくにあたっての、最大の出来事だったのである。中国軍という手強い強敵の参戦によって、米軍と国連軍はそこからさらに二年九カ月以上、朝鮮半島で必死の苦闘を続ける事態に追い込まれた。本来なら一九五〇年九月に終了するはずだった朝鮮戦争を、五三年七月まで長引かせ、三カ月で終わるはずの限定的な戦争が、三年間にもわたる悲惨な大国間の国際戦争に発展したのである。戦闘員と民間人を含めた六百万人の戦争犠牲者の多くが、この中国軍参戦以降に発生した犠牲であったことはいうまでもない。

とすれば、中国は一体なぜ参戦してきたのかが、次に重要な問題となってくるであろう。朝鮮戦争の拡大と長期化の最大の原因は、中国軍の参戦だったからである。中国軍参戦の理由を考える上で想起すべきは、朝鮮戦争開戦前の一九五〇年五月十四日、毛沢東が、中国の南侵への了承と支援を求めてやって来た金日成にたいして言った、次の台詞である。

「われわれは鴨緑江に沿って三個軍団を配置するつもりだ。帝国主義が干渉しなければ、それを妨げない。帝国主義が干渉しても三十八度線を越えなければ、われわれは干与しない。しかし三十八度線を越えれば、われわれは必ず軍隊を送る」

繰り返しになるが、毛沢東はここで、中国軍が参戦する条件を、明確な言葉で表明していた。帝国主義者（すなわち米軍）が参戦してきても、三十八度線さえ越えてこなければ中国は関与しない。しかしひとたび越えれば、必ず参戦する、という主旨の発言こそ、中国共産党政権の一貫した基本方針であった。

金日成がスターリンの指示にしたがって、開戦への承認を中国指導部に求めてきた時、毛沢東は「同意」という言葉を一応は口にしたが、それが「消極的な同意」にすぎなかったことは前述した。当時の中国共産党政権は、長年の内戦に勝ち抜いてようやく中華人民共和国を建国したばかりであり、国内の安定の維持と経済の回復が何より急務とされ、外国へ出て行って戦争するどころではないのが実情だった。しかも、内戦の敵である蔣介石の国民党政府が、台湾に移って共産党政権への抵抗を続けていたから、中国は依然として内戦状態であり、毛沢東率いる共産党の最大の関心事は、台湾にある国民党政府をいかに始末するかであった。

こうした中で、中国は当初、朝鮮戦争にたいする関心が薄かったのである。朱建栄著・前掲書によれば、北朝鮮が六月二十五日に南侵を始めてからの二日間、中国は朝鮮戦争のために特別の会議を開くこともなく、国境地帯での軍隊の移動も、何もしなかったという。中国共産党機関紙の人民日報が、初めて朝鮮戦争関連の社説を掲載し公式な態度表明をしたのは六月二十七日であった。開戦しても、人民日報の朝鮮戦争にかんする記事は、ほとんどが後半の紙面に掲載されており、北朝鮮にたいする支援への言及は、まったくなかったことも確認されている。

中国は建国後すぐに北朝鮮と外交関係を結んだが、肝心の中国大使がなかなか平壌に赴任してこなかった。朝鮮戦争中の八月十三日、駐朝中国大使がやっと赴任してきたが、その新任の挨拶では、北朝鮮への中国の支援を示唆するような表現はまったくなかった。朱建栄著・前掲書の言葉を借りれば、「中国は『六・二五』（開戦）以後の約三カ月余り、傍観者の立場だった」のである。

中国が初めて朝鮮戦争への介入の姿勢を示したのは、やはり国連軍が三十八度線を突破してからのことである。前述のように、韓国軍が率先して三十八度線を突破したのは十月一日のことであり、まさにその日から、中国共産党政権はそれまでの「傍観者」の姿勢を一転させ、公的にも慌ただしい動きを見せた。

まず十月二日の深夜、中国の周恩来首相兼外相は、北京駐在のインド大使を外務省に招き、「もし（韓国軍だけでなく）国連軍が三十八度線を越えて北進する場合、中国は朝鮮に介入せざるをえない」と伝えた。中国共産党政府は当時、アメリカ政府と外交上の接点をまったく持っていなかったから、インド大使からこの発言をアメリカに伝えさせるのが、周恩来の狙いだった。インド大使およびインド政府を経由して、周恩来発言はアメリカ政府に伝達され、トルーマン大統領の耳にも入った。

そして金学俊著・前掲書によると、同じ十月二日に、毛沢東は党幹部を招集し、朝鮮戦争への派兵を決めた。十月四日には、派遣軍の司令官に就任することになった彭徳懐《ほうとくかい》将軍が北京に呼び出されて、朝鮮戦争への参戦について話し合う共産党政治局会議に出席した。

十月七日、国連軍の三十八度線からの北上を許可する国連決議案が可決された。まさにその日、毛沢東は現地で戦う中国人民志願軍を組織せよとの正式命令を下し、中国の参戦がいよいよ秒読み段階となった。そして十月十九日、中国軍が鴨緑江を渡り、戦争に加わったことは前述した通りである。

この一連の経緯を見ると、当初は傍観の態度を取っていた中国が、一転して参戦へと方針転換した最大の理由は、やはり国連軍による三十八度線の突破だったのである。毛沢東は最初から、「帝国主義が三十八度線を越えてくれれば、中国は必ず介入する」と明言していたが、事態はまさにその通りに動いた。

中国共産党政権がなぜ、それほど三十八度線にこだわっていたかという問題は、朝鮮民族と朝鮮史に焦点を当てた本書のテーマから外れるため、ここでは深く立ち入らない。重要なポイントは、国連軍による三十八度線突破こそが、中国の参戦を促した直接の原因であった、という歴史的事実である。

前述したように、中国の参戦によって、朝鮮戦争は長期化と拡大の一途をたどり、結果的に甚大な被害をもたらすことになった。とすれば、当初は予定されていなかった国連軍の北進と三十八度線突破が、一体なぜ起きてしまったのか、それを決めたのは誰かという問題点を、朝鮮戦争の責任問題を考えるため、是が非でも追及しなければならない。

「三十八度線突破」の首謀者は李承晩だった

朝鮮戦争の拡大化と長期化に直結した国連軍の三十八度線突破を主導したのは、一体誰なのか。結論からいえば、当時の大韓民国大統領の李承晩その人こそ、この軍事行動の画策者であり、主導者だったのである。

前述のように、朝鮮戦争の勃発前から、李承晩は筋金入りの「北進統一論者」であった。半島が南北朝鮮に分断された状況下で、彼は金日成と同様、武力をもって相手を撃滅した上での「祖国統一」を夢見ていた。

開戦の年である一九五〇年の元旦、李承晩は大統領の新年挨拶で、「われわれは自分の力で南北朝鮮を統一しなければならない」と語った。ここからも分かるように、彼が常に考えていたのは、北進による「祖国統一」であった。果たして現実的かどうかは別にして、それが李承晩政権の掲げたイデオロギーだったのである。

しかし「自分の力」で統一するというのは、所詮、彼一流の大ボラ吹きにすぎなかった。実際に、この年の六月に北朝鮮が南侵してきた時、李承晩政権にはまともに抵抗する軍事力すらなく、たった三日間で首都は陥落。そこから彼は毎日のようにワシントンに電話をかけ、アメリカ政府に泣きついて、軍事援助を嘆願したが、結局、アメリカ軍と国連軍の力に全面的に頼って、李承晩はかろうじて生き延び、ソウルに帰ることが出来た。

しかし、アメリカ軍・国連軍の力を頼みの綱として、北朝鮮の猛攻撃から逃げ回っている最中も、李承晩は「北進統一」の執念をまったく捨ててはいなかった。金学俊著・前掲書によると、上陸したアメリカ軍が、釜山を拠点に北朝鮮軍の猛攻撃に耐えていた七月十九日、李承晩はトルーマン大統領に親書を送り、「国連軍の作戦目的が戦前原状の回復、すなわち三十八度線での進撃停止で終わってはならず、北進統一を完遂せねばならない」と主張したという。

この親書の内容ひとつとっても、李承晩こそ三十八度線突破北進作戦の提唱者、推進者であると断定するのに十分だろうが、筆者の私が大いに驚いたのは、釜山に追い詰められ、袋のネズミだったこの時点で、李承晩がアメリカの大統領に「国連軍の進撃は三十八度線で停止すべきでない」と、堂々と主張したという、並々ならぬ神経の図太さである。

考えてみれば、その時、北朝鮮軍の猛攻撃の前に、李承晩の大韓民国の命運はすでに風前の灯火であり、外国軍である国連軍が決死の戦いを繰り広げてくれたおかげで、何とか生き延びている状態だった。米軍によって救われ、延命している国の大統領が、あろうことかアメリカ大統領に「お前たちは進撃を停止してはならない、俺たちのためにもっと戦え！」と指図してきたのである。私は世界史にまつわる東西の文献を色々と読んできたつもりだが、これほど図々しく、厚かましい一国の指導者を見たことがない。まさに韓民族と大韓民国の指導者ならではの「偉大なる」大統領である。

その後、国連軍の仁川上陸作戦の成功によって、南侵した北朝鮮軍が総崩れとなり、ソウルが奪還されたことは前述したが、この時こそ「北進統一」の好機到来とみた李承晩は、かねてから主張していた「三十八度線突破作戦」を画策し、実行に移したのである。

この一部始終を、先述した二人の韓国人学者の著作の記述にそって、見ていくこととする。仁川大学総長・韓国政治学会会長を歴任した金学俊氏と、韓国の代表的な政治学者の李春根氏のお二人の立場からして、韓国初代大統領の李承晩を「誹謗《ひぼう》中傷」するようなことを書くはずがないから、彼らの記述は信用に値するであろう。

一九五〇年十月一日、韓国軍が率先して三十八度線を越えたことが、国連軍の「三十八度線突破」につながった動きの始まりであったが、これにかんして、金学俊著・前掲書は、次のように述べている。

「こうした中で十月一日、まず韓国軍がついに三十八度線を越えて北方に進撃した。振り返ってみると、これは韓国軍としては非常に困難な決定であった。当時、韓国陸軍の参謀総長だった丁一権《ていいっけん》将軍によると、彼はアメリカ政府と韓国政府から相異なる指示を受けていた。『アメリカ政府が命令する時まで、一名の兵士であっても三十八度線を越えてはならない』というのが、マッカーサー司令部の指示であった。その反面で、『マッカーサー司令官に委任した作戦指揮権はいつでも撤回できるのだから、彼の命令に従うことなく、北進して祖国の統一を実現せよ』というのが李承晩大統領の厳命であった。丁将軍は両者の間で苦悩した」

右記の丁一権将軍の「板挟み」証言から分かるように、国連軍最高司令官のマッカーサーが「三十八度線を越えてならない」と明確な命令を出していたのに反して、韓国大統領の李承晩は、はっきりと「三十八度線を越えろ」と韓国軍に「厳命」していたわけである。

この話の中に出てきた「作戦指揮権の委任」とは、つまりこういうことだ。国連安保理の決議に基づき、国連軍が朝鮮に上陸して作戦を開始するとすぐに、李承晩大統領は、韓国軍の作戦指揮権を、国連軍最高司令官のマッカーサーに委任した。これに伴い、李承晩大統領はそれ以降、韓国軍に指示を出す権限を持たなかったのである。

にもかかわらず、李承晩は最高司令官のマッカーサーの頭越しに、「作戦指揮権を委任した」自らの約束を破り、命令系統に違反してまで、韓国軍に「三十八度線を越えろ」と厳命したのだ。この軍事作戦の画策者と主導者が李承晩であることは、一目瞭然であろう。

この経緯にかんして、李春根著・前掲書がさらに詳しく記述している。やや長い引用となるが、たいへん重要な内容なので、是非とも最後までお読み頂きたい。

「韓国軍は九月二十八日、ソウルを奪還し北進攻撃を開始した。韓国軍は間もなく三十八度線に到達し、韓国戦争は再び岐路に立った。三十八度線を回復するのが国連が公式に宣言した戦争目標になるのか、三十八度線以北へ戦争を拡大すべきかは、すでに純粋な軍事的考慮を超える問題になっていた。この瞬間、李承晩が発揮した機知は単純に戦時外交の性格を超え、戦争指導、軍事指導者としての李承晩の力量を物語る契機となる。（中略）

李承晩は九月二十九日、ソウル奪還を記念するため中央庁で行われたソウル還都式の後、マッカーサーに『遅滞なく北進しなければならない』と述べた。マッカーサーは、『国連は三十八度線突破の権限を付与していない』と反対の意思を表明。すると李承晩は『国連がこの問題を決定するまで将軍は麾下の部隊と待つことができますが、国軍（筆者注、韓国軍のこと）が北進するのを止められる人は誰もいないではありませんか。ここは彼らの国であり、私が命令を下さなくてもわが軍は北進します』と述べた。

李承晩は、このような明快な論理とぎりぎりの戦術で、マッカーサーに迫り、説得もした。李承晩は九月二十九日午後、陸軍本部に寄って丁一権以下の参謀将軍に三十八度線が存在するのかを尋ねた。全員が三十八度線の存在を認めないと答え、大統領は大喜びで丁一権に北進命令を下した。

翌九月三十日、釜山の大統領官邸に将軍たちを呼んだ李承晩は『昨夜、三十八度線に達した部隊はどの部隊か』と質問し、その部隊を表彰せよと命じた。そして突然、李承晩は『ところで、丁総長、丁総長はどちらなのか、米軍の方なのか』と質問した。李承晩は『三十八度線に到達したわが軍にどうして北進せよ、と命令しないのか。三十八度線のためかそれとも他の理由のためか？』この質問に丁一権は『三十八度線のためです』と答えた。李承晩は激怒して、『三十八度線がどうしたというのか？　そこに鉄条網でも張ってあるのか？』と将軍たちを叱責した。丁一権はその時ほど、李承晩が怒ったのを見たことはなかったと回顧している。
軍需局の楊国鎮《ようこくちん》大佐が『閣下、もう少し慎重に検討してから決定すべき問題だと思います』と提言すると、李承晩は表情をこわばらせた。大統領は最後に丁一権の見解を尋ねた。丁一権は『われわれは大韓民国の国軍です。国連軍との指揮権の問題がありますが、閣下の命令に従う使命と覚悟を持っています』と答えた。（中略）
韓国軍が先に三十八度線を突破した。五〇年十月一日午前十一時二十五分、丁一権参謀総長は金白一将軍に三十八度線突破命令を下した。金白一軍団長は二十三連隊長の金淙瞬大佐に命令を下した。『二十三連隊長、第三師団に代わって貴連隊に北進命令を下す。三十八度線を突破せよ。三十八度線はこの瞬間からなくなる』韓国軍第三師団二十六連隊は、このようにして最初に三十八度線を突破した部隊となった」
以上、李春根著・前掲書からの長い引用となったが、九月二十九日と三十日の二日間にわたって、李承晩は大統領の権威を笠に着て、恫喝に近いやり方で韓国軍の参謀総長と中枢部に圧力をかけ、無理やり「三十八度線突破」を実現した経緯が、手に取るように分かるであろう。李承晩こそ、韓国軍を強引に動かして、三十八度線突破という朝鮮戦争最大の転換点を作った張本人であることは明らかである。

しかし、韓国軍による三十八度線先行突破の意味は、あまりにも重大であった。国連軍の一部である韓国軍が三十八度線を越えて北進した結果、アメリカ軍も結局、それにつられて動く形で、十月七〜九日に三十八度線を突破し、北進を開始する羽目になった。もちろんそれこそが、李承晩の狙いだったはずである。韓国軍だけの力では、北朝鮮軍を壊滅させて「北進統一」を実現するのは到底無理であると、彼自身もよく分かっていた。韓国軍による三十八度線の先行突破によって、米軍を中心とした国連軍を「北進」に誘い出すことこそ、彼の狙いであり、それが見事に達成されたのである。

しかしその結果、本来ならソウル奪還で終了するはずの朝鮮戦争は、一気に拡大することになってしまった。前述したように、まさに国連軍の三十八度線突破が直接の原因となって、傍観していた中国の参戦を招いた。これにより朝鮮戦争は、おびただしい人命が奪われる泥沼の長期戦に陥っていったのである。

国連軍の三十八度線突破を主導した時点で、李承晩がどの程度、中国軍の参戦を予測していたかは知る由もない。しかし結果的に、この政治家が自らの執念に基づき、韓国軍と国連軍の三十八度線突破を主導したことが、中国軍の参戦を誘発し、戦争の拡大と長期化をもたらす歴史的契機となったことは厳然たる事実なのである。

そういう意味では、朝鮮戦争を引き起こした金日成と並んで、戦争の長期化と拡大のきっかけを作った李承晩の罪も重いと、断じざるを得ない。一九五〇年六月二十五日の開戦から、同年九月二十八日のソウル奪還までの三カ月間の南侵戦争の結果にたいして、責任を負うべき戦犯が金日成であるとするなら、五〇年十月一日の韓国軍による三十八度線突破から、五三年七月の休戦までの二年九カ月間の「拡大版」朝鮮戦争にたいして、最大の責任を負うべきＡ級戦犯は、間違いなく、大韓民国初代大統領の李承晩その人である。

そして、朝鮮戦争の六百万人近くの犠牲者の大半は、まさにこの十月一日からの「拡大版」朝鮮戦争における犠牲者であり、たとえば数十万人ともいわれる中国軍の戦死者は全員、ここで命を落としたのである。四万人近くのアメリカ軍の戦死者の大半も、北朝鮮軍との三カ月の短期間の戦闘よりも、手強い中国軍との長期戦において、命を落としてしまったはずだ。米中両国の、おびただしい若者たちの命は、結局、李承晩という韓国大統領の「北進統一」の妄想と執念のために失われてしまったといっても、過言ではない。指導者として間接的な形ではあるが、何十万人もの外国の若者たちの命を奪い、流血を強いた陰の「殺人者」は、李承晩をおいて他にはいない。彼こそ、戦後の東アジアにおける最大の戦争犯罪者だったのである。

本書をここまでお読み下さった読者の皆様には、よくお分かり頂けたと思う。外国の力を利用して、国内の政治闘争や武力闘争に勝とうとするのは、韓民族の不変の行動パターンであるが、大韓民国初代大統領の李承晩は、もっとも図々しく、無法なやり方で、この「民族の伝統芸」を発揮した人物であろう。その結果が、極端なまでの犠牲の多さにつながったのだ。

今日の韓国政府は、何かあるたびに日本の「戦争責任」を追及してくるが、「貴国の初代大統領こそ、朝鮮半島をめぐる東アジアの歴史上、もっとも数多くの犠牲者を出した、悪辣な戦争犯罪者の一人であることを、貴方たちがまず恥じるべきではないのか」と、いいたいところである。

朝鮮戦争の戦犯は李承晩だけではなく、同じ民族の金日成も同様である。戦後、日本が撤退した朝鮮半島で、この二人が自分を「王様」とする単独政権の樹立を急ぎ、武力で相手を打倒することによる「祖国統一」を目指したのが、朝鮮戦争のそもそもの原因である。

しかも、さらに奇妙なのは、自国による半島「統一」を目指していながら、この二人とも、自分たちの力でそれを成し遂げようとは最初から考えていなかった点である。金日成は「統一戦争」を開始するにあたり、まずソ連と中国からの軍事援助をいかに引き出すかに腐心した。さらに国連軍の反転攻勢で戦況が不利になると、繰り返し中国に出兵を懇願し、参戦を促した。

他方、南侵した北朝鮮軍に攻め込まれ、釜山に追い詰められた李承晩は、繰り返しアメリカに出兵を懇願し、救ってもらった。そればかりか、三十八度線の突破という重大な決断を独断専行で行い、「北進統一」を一気に進めようとした時も、李承晩が頼りにしていたのは、結局、米軍を中心とした国連軍の力であった。

この二人は、韓民族の政治指導者らしく、「外国頼み」の伝統芸を遺憾なく発揮して、米中両大国を半島の内戦に巻き込み、おびただしい人命を、自分たちの火遊び、無駄な戦争遊戯の生け贄にしてしまったのである。

その意味では、金日成と李承晩という朝鮮民族の歴史を代表する二人の政治指導者を生み、その後現在にいたるまで、六十年以上も分断状態のまま、負の遺産を受け継いできた北朝鮮と韓国という国は、間違いなく、東アジア現代史上、もっとも大きな加害責任を負うべき国だといえるのである。

あとがき

本書執筆の最終段階の二〇一六年一月から、本書の校正期間の同三月にかけて、連続的な挑発行為で世界を騒がせたのは、半島国家の北朝鮮である。

この年の一月六日、北朝鮮は「水爆」と称する核実験に踏み切り、アジアと世界全体に大きな衝撃を与えた。それに続いて二月七日、長距離弾道ミサイルの発射が、同じ北朝鮮によって強行された。

この二つの行動によって、北朝鮮は世界中からの注目を集め、東アジアとその周辺の国際政治の焦点となっていた。

北朝鮮という得体の知れない国が、核兵器を持つようになり、それを搭載して発射できる、長距離射程の大陸間弾道ミサイルを持つことになれば、アジア太平洋地域全体にとって大いなる脅威だからである。

北朝鮮がちらつかせる「核の脅威」にたいして、世界一の大国のアメリカは、さっそく動き出した。米国の主導で、北朝鮮への過去もっとも厳しい国連制裁決議が採択され、米国の説得によって、北朝鮮の「準同盟国」の中国までが、国連による制裁に参加した。中国はこれまで、北朝鮮の体制を維持することを最優先と考えていたから、体制の崩壊につながりかねない金正恩政権への厳しい制裁には消極的な姿勢であったが、ここまで来るとさすがに、アメリカに協力する姿勢へと舵を切った。

その一方で、米国を中心とする米・日・韓三カ国の連携が強化され、東アジアの政治課題の中心は「歴史問題」をめぐる日韓対立の構図から、「米・日・韓 vs 北朝鮮」の対立構図へと激変した。そのために、韓国の朴槿恵政権は、従来の頑なだった対日姿勢を幾分和らげて、日本に歩み寄る姿勢を示した。

このように、北朝鮮が上述の二つの挑発行動を取っただけで、アジア太平洋地域の主要国家の米国や中国、日本、そして同じ半島国家の韓国は、いっせいに反応した。各国は、北朝鮮への本格的な対策を講じたり、従来の政策路線の修正を迫られたりと、慌ただしい日々を送ることとなったが、逆に言えば、世界有数の大国であり、主要国であるそれらの国々が、北朝鮮という一中等国家によって見事に翻弄されたわけである。

いってみれば、オバマ大統領や習近平国家主席などの大国の指導者たちが、ことごとく、金正恩という三十歳前後の若者によって動かされ、対応に汗をかかされる羽目に陥ったわけだ。

北朝鮮がとった際どい行動の背景にあるのが、朝鮮半島の分断状況であることはいうまでもないが、別の言い方をすれば、米中や日本など、世界の大国は今でも、朝鮮半島内部の紛争に巻き込まれ、翻弄されたままの状況である。

北朝鮮が軍事的脅威を煽って、諸大国をトラブルに巻き込んでいくのにたいして、同じ半島国家の韓国もまた、北朝鮮の脅威から自国を守るために、同盟国のアメリカに泣きついたり、友好国の中国に接近して助けを求める二股外交によって、両大国を半島問題に巻き込もうとしている。半島で対立している二つの国は、両方とも「巻き込み上手」なのである。

本書においてわれわれは、半島史上の三国統一戦争の時代から朝鮮戦争の時代まで、中国や日本や、そして近代になってからのロシアやアメリカなどの大国が、いかにして、不本意ながらも朝鮮半島の内紛や権力争いに巻き込まれ、多大な被害を受けたかという歴史を、嫌というほど見てきたが、二〇一六年に入ってからのアジアの国際政治の現実を見ていると、この歴史はまったく終わっていないことが分かる。それは千年前そのままの姿で、二十一世紀の現在も脈々と生きており、国際関係を動かし続けているのである。

今後、北朝鮮がどう出てくるのか、体制がどうなるのかは、誰にも分からない。一か八かの賭けとして暴走する可能性もあれば、体制の崩壊で国内が大混乱に陥る可能性もあろう。しかしいずれの場合でも、同じ半島国家の韓国はもとより、韓国の同盟国であるアメリカや、米軍基地がある日本、そして北朝鮮の最大の隣国である中国のいずれも、何らかの形で多大な迷惑を被ることになるだろう。それだけは間違いない。

北朝鮮がどう出てこようと、国家体制がどうなろうとも、諸大国は無傷のままではいられないのだ。今までの歴史がそうであったように、半島国家はいつまで経っても、東アジアのトラブルメーカーであり、国際秩序にとっての災いの元なのである。

北朝鮮情勢に巻き込まれる諸国にとって、大いなる迷惑であるのと同じ図式が、日本にとっての韓国にもあてはまる。特に二〇一三年に朴槿恵政権が成立してから、一貫して進めてきた反日路線の中で、朴大統領は有名な「告げ口外交」を行い、外国を「巻き込む」伝統の技を用いて、韓国自身が展開する「対日歴史戦」に、アメリカや西欧諸国を巻き込むことに余念がなかった。

それだけではない。一時は中国と「反日共同戦線」まで組んで、「歴史」をテーマとする猛烈な日本叩きを続けた。

北朝鮮にせよ韓国にせよ、日本の安全保障や国際関係の構築にとって、半島国家は迷惑以外の何ものでもなかった。歴史をみても、半島国家とかかわれば、必ずトラブルと災いだけが降りかかってくる、厄介な存在であったことが分かる。

こうして考えてみると、日本だけでなく、アメリカにしても、中国にしても、いかにして半島国家が起こすトラブルに巻き込まれないように、半島からの災いを遠ざけるか。それこそが、国際社会が真剣に考えていくべき大問題であろう。

その際、半島とは一定の距離をおいて、韓民族内部の紛争にできるだけ関与しないようにするのが、もっとも賢明な道であり、半島政治と付き合っていく上での鉄則であると、元中国人で今は日本人となった筆者は考えている。

将来のそうした具体策について、われわれはもっと真剣に考えていくべきであるが、古代から第二次大戦後までの、歴史をテーマとした本書の記述を通して、アジアと世界にとっての、この大問題を考える一つのきっかけを作ることが出来れば幸いである。

それは筆者の私にとって、三年間にわたって半島の歴史を考察し、一冊の本として書き上げた、ささやかな苦労への報酬となろう。

最後に、本書の編集を担当して頂いた飛鳥新社の工藤博海さんに謝意を申し上げたい。

そして何より、本書を手に取って頂いた皆様、購読していただいた皆様に、心からの感謝を捧げたい。

平成二十八年　仲春
大阪市阿倍野界隈、独楽庵にて
石　平

【著者略歴】
石平（せき・へい）
一九六二年中国四川省成都市生まれ。八〇年北京大学哲学部に入学後、中国民主化運動に傾倒。八四年同大学を卒業後、四川大学講師を経て、八八年に来日。九五年神戸大学大学院文化学研究科博士課程を修了し、民間研究機関に勤務。二〇〇二年『なぜ中国人は日本人を憎むのか』（PHP 研究所）刊行以来、日中・中国問題を中心とした評論活動に入る。〇七年に日本国籍を取得。〇八年四月拓殖大学客員教授に就任。一四年『なぜ中国から離れると日本はうまくいくのか』（PHP 新書）で第二十三回山本七平賞を受賞。
主な著書に『私はなぜ「中国」を捨てたのか』（ワック）、『暴走を始めた中国 2 億 6000 万人の現代流民』（講談社）、『習近平にはなぜもう 100％未来がないのか』（徳間書店）、『リベラルの中国認識が日本を滅ぼす』（共著、産経新聞出版）ほか多数。

韓民族こそ歴史の加害者である

2016 年 5 月 14 日　第 1 刷発行
2019 年 9 月 20 日　第 7 刷発行

著　者　石　平

発行者　土井尚道
発行所　株式会社　飛鳥新社
〒 101-0003 東京都千代田区一ツ橋 2-4-3　光文恒産ビル
電話（営業）03-3263-7770（編集）03-3263-7773
http://www.asukashinsha.co.jp

装　幀　芦澤泰偉
写真提供　Bridgeman Images ／ PPS 通信社、大西基
国立国会図書館デジタル化資料
地図作成　有限会社ハッシイ
印刷・製本　中央精版印刷株式会社

ISBN 978-4-86410-461-6

編集担当　工藤博海